高等职业教育"十三五"规划教材
高等职业院校建筑工程技术专业规划推荐教材

建筑工程技术资料管理

褚俊英　主编

中国建筑工业出版社

图书在版编目（CIP）数据

建筑工程技术资料管理/褚俊英主编. —北京：中国建筑工业出版社，2019.7（2023.2重印）
高等职业教育"十三五"规划教材　高等职业院校建筑工程技术专业规划推荐教材
ISBN 978-7-112-23849-1

Ⅰ.①建…　Ⅱ.①褚…　Ⅲ.①建筑工程—技术档案—档案管理—高等职业教育—教材　Ⅳ.①G275.3

中国版本图书馆CIP数据核字（2019）第113545号

　　本书共分9个单元，内容包括：建筑工程资料管理的初识，建筑工程准备阶段文件的编写与整理（A类），框剪结构建筑监理资料（B类），框剪结构建筑施工资料（C类），框剪结构建筑竣工图及工程竣工文件（D、E类），框剪结构建筑工程施工质量验收，框剪结构建筑工程资料归档整理，框剪结构建筑工程竣工验收备案，框剪结构建筑计算机辅助资料管理。

　　本书可作为高等职业院校土建施工类专业教学用书，也可供相关专业技术人员参考使用。

　　为更好地支持本课程教学，作者自制免费教学课件资源，请发送邮件至10858739@qq.com索取。

责任编辑：刘平平　朱首明　李　阳
责任校对：焦　乐

高等职业教育"十三五"规划教材
高等职业院校建筑工程技术专业规划推荐教材
建筑工程技术资料管理
褚俊英　主编

*

中国建筑工业出版社出版、发行（北京海淀三里河路9号）
各地新华书店、建筑书店经销
北京科地亚盟排版公司制版
北京建筑工业印刷厂印刷

*

开本：787×1092毫米　1/16　印张：10　字数：246千字
2019年9月第一版　　2023年2月第三次印刷
定价：**27.00**元（赠教师课件）
ISBN 978-7-112-23849-1
（34152）

前　　言

建筑工程技术资料管理是高等职业教育建筑工程类专业的一门重要专业课程，在培养高素质技术技能型人才工作中占据着重要地位。

本教材可作为高职高专土建类专业教材，也可供相关专业及建筑施工单位的有关技术、资料管理人员在工程资料管理中参考使用，还可作为资料员岗位资格考试参考资料。

本教材按照土建类职业岗位和职业能力培养的要求，结合《建筑工程资料管理规程》JGJ/T 185—2009、《建筑工程文件归档整理规范》GB/T 50328—2014 等国家相关法律、法规和标准规定，对建筑工程资料的编写、收集、整理、归档做了详尽的阐述。

本教材由辽宁城市建设职业技术学院褚俊英主编，中国建筑东北设计研究院有限公司姚旭东参与整本项目化教材的工程咨询和专业技术服务。全书共分 9 个单元，具体内容包括单元 1 建筑工程资料管理的初识、单元 2 建筑工程准备阶段文件的编写与整理（A 类）、单元 3 框剪结构建筑监理资料（B 类）、单元 4 框剪结构建筑施工资料（C 类）、单元 5 框剪结构建筑竣工图及工程竣工文件（D、E 类）、单元 6 框剪结构建筑工程施工质量验收、单元 7 框剪结构建筑工程资料归档整理、单元 8 框剪结构建筑工程竣工验收备案，单元 9 框剪结构建筑计算机辅助资料管理。

在编写本教材过程中，我们充分总结和吸纳了国内优秀高职高专同类教材的优点，立足于满足新时期我国建筑业转型升级的大背景下对培养土建类高素质技术技能人才提出的新要求，按照理念先进、目标明确、课程适用、深入浅出的总体思路安排内容。

本教材可作为高职高专院校建筑工程技术专业、工程监理专业、工程造价专业及土建类相关专业的教材，也可供相关专业及建筑施工单位的有关技术、资料管理人员参考。

由于编写时间仓促，编者水平有限，书中存在的疏漏与不当之处，敬请广大读者批评指正。

目　　录

单元 1　建筑工程资料管理的初识

多年来，在全国各地建筑市场的检查过程中，经常会发现，各地建筑工程资料管理得比较混乱，尤其是在资料的详实方面及各种表格的格式设计、内容涵盖、规格尺寸等方面，都或多或少地存在着问题。这必然在一定程度上影响到城市建设档案的质量，给城市未来的改造建设，尤其会给工程质量及安全事故的处理和对已建成的建筑物或构筑物在改造扩建的工程档案资料的检索、查询工作带来更多的不便。因此，做好建筑工程资料管理是十分必要的。

【知识目标】　熟悉建筑工程资料的相关概念；熟练建筑工程资料管理的意义。

【能力目标】　能够理解建筑工程资料管理的内容。

【素质目标】　增强学生的记忆理解能力。

任务 1　建筑工程资料管理

一、建筑工程资料管理的必要性

（1）做好建筑工程资料管理工作，是认真贯彻《建筑工程文件归档整理规范》GB/T 50328—2014，确实加强建设资料的规范化管理，提高工程管理水平，确保工程质量的具体体现。

（2）建筑工程资料是城建档案的重要组成部分，是工程竣工验收、评定工程质量优劣、结构及安全卫生可靠程度、认定工程质量等级的必需条件。因此必须加强管理，使其能够全面客观地反映工程的实际状况。

（3）建筑工程资料是对工程质量及安全事故的处理，以及对工程进行检查、维修、管理、使用、改建、扩建、工程结算、决算、审计的重要依据。

（4）加强工程资料管理，可以督促每个单位和个人按照标准、规范和规程进行工作。工程资料不符合有关规定和要求的，不得进行竣工验收。施工过程中工程资料的验收必须与工程质量验收同步进行。

（5）施工过程中工程资料的保存管理应按有关程序和约定执行，工程竣工后，参建的各方应对工程资料归档保存，为未来的建设提供参考、积累经验，是指导未来工程的重要信息。

因此，凡在中华人民共和国行政区域内，无论是参与新建、改建还是扩建的建设、勘察、设计、监理和施工单位，均应做好工程资料的管理工作。

二、建筑工程资料的特征

1. 复杂性

由于建筑工程建设的周期长，建设过程中阶段性和季节性较强，并且建筑材料种类繁多，生产工艺又比较复杂，因此，影响建筑工程的因素多样，这就必然导致建筑工程文件和档案资料具有一定的复杂性。

2. 随机性

由于建筑工程文件档案资料产生于工程建设的整个过程之中，无论是在工程的立项审批、勘察设计，还是在开工准备、施工、监理或竣工验收等各个阶段和环节，都会产生各种文件和档案资料。尤其是在影响建筑工程的因素发生变化时，还会随机产生一些由于具体事件而引发的特定文件和档案资料，因此文件和档案资料还具有一定的随机性。

3. 时效性

有时工程文件和档案一经生成，就必须及时传达到有关部门，否则如果有关单位或部门不予认可，将会产生严重的后果。因此建筑工程文件和档案资料具有很强的时效性。另外，随着施工工艺水平、新材料以及管理水平不断提高，文件和档案资料的价值也会随着时间的推移而衰减，但文件和档案资料仍可以被借鉴继承积累经验。

4. 真实性

建设工程文件和档案资料只有全面真实地反应项目的各类信息，包括发生的事故和存在的隐患，才具有实用价值。否则一旦引用会起到误导作用，造成难以想象的后果。因此，建设工程文件和档案资料必需真实全面反应工程的实际情况，来不得片面和虚假。

5. 综合性

由于建设工程项目常常都是综合的系统的工程，涉及多个专业，多个工种的协同工作才能完成。比如，环境评价、安全评价、建筑、市政、园林、公用、消防、智能、电力、电信、环境工程、声学、美学等多种学科，并同时综合了组织协调、合同、造价、进度、质量、安全等诸多方面的工作内容。可见，建设工程文件和档案资料是多个专业和单位的文件档案资料的集成，具有很强综合性。

三、相关的基本概念

1. 建设工程项目

经批准按照一个总体工程设计进行施工，经济上实行统一核算，行政上具有独立组织形式，实行统一管理的工程基本建设单位。它可以是一个或若干个具有内在联系的工程所组成。

2. 单位工程

具有独立的设计文件，竣工后可以独立发挥生产能力或工程效益的工程，并构成建设工程项目的组成部分。

3. 分部工程

单位工程中可以独立组织施工的工程。

4. 建设工程文件

在工程建设过程中，所形成的各种形式的信息记录，包括工程准备阶段的文件、监理文件、施工文件、竣工图和竣工验收文件，也可简称为工程文件。

5. 工程准备阶段工程文件

工程开工以前，在立项、审批、征地、勘察、设计、招标投标等工程准备阶段形成的文件。

6. 监理文件

监理单位在工程的设计，施工等监理活动过程中形成的文件。

7. 施工文件

施工单位在工程的施工过程中所形成的文件。

8. 竣工图

在工程竣工验收以后，能够全面真实地反映建设工程项目施工结果图样。

9. 竣工验收文件

在建设工程项目竣工验收活动过程中形成的文件。

10. 建设工程档案

在工程的建设活动中，直接形成的具有归档保存价值的文字、图表、声像等，各种形式的历史记录，也是简称工程档案。

11. 案卷

由互有联系的若干文件组成的档案保管单位。

12. 立卷

按照一定的原则和方法，将有保存价值的文件分门别类地整理成案卷的过程，亦称组卷。

13. 归档

在文件形成单位完成其工作任务后，将形成的文件整理成立案，按照有关规定移交给档案管理机构的过程。（注：对一个工程而言，归档有两方面含义：一是建设、勘察、设计、施工、监理等单位将本单位在工程建设过程中所形成的文件向本单位档案管理机构移交；二是勘察、设计、施工、监理等单位将本单位在工程建设过程中所形成的文件向建设单位档案管理机构移交）。

14. 建筑工程

为新建、改建或扩建房屋建筑物和附属构筑物设施所进行的规划、勘察、设计和施工、竣工等各项技术工作和完成实体。

15. 建筑工程质量

反映建筑工程满足相关标准规定或合同约定的要求，包括其在安全、使用功能及耐久能性、环境保护等方面所有明显的和隐含能力的特性总和。

16. 验收

建筑工程在施工单位自行质量检查评定的基础上，参与建设活动的有关单位共同对检验批、分项、分部、单位工程的质量进行抽样复验，根据相关标准以书面形式对工程质量达到合格做出确认。

17. 进场验收

对进入施工现场的材料、构配件、设备等按照有关标准规定要求进行检验，对产品达到合格与否做出确认。

18. 检验批

按同一的生产条件或按规定的方式汇总起来供检验用的，由一定数量样本组成的检验体。

19. 检验

对检验项目中的性能进行量测、检查、试验等，并将结果与标准规定要求进行比较，以确定每项性能是否合格所进行的活动。

20. 见证取样检测

在监理单位或建设单位监督下，由施工单位有关人员现场取样，并送至具备相应资质的检测单位所进行检测。

21. 交接检验

由施工的承接方与完成方双方检查并对可否继续施工做确认的活动。

22. 主控项目

建筑工程中的对安全、卫生、环境保护和公众利益起决定性作用的检验项目。

23. 一般项目

除主控项目以外的检验项目。

24. 抽样检验

按照规定的抽样方案，随机地从进场的材料、构配件、设备或建筑工程检验项目中，按检验批抽取一定数量的样本所进行的检验。

25. 抽样方案

根据检验项目的特性所确定的抽样数量和方法。

26. 计数检验

在抽样的样本中，记录每一个体有某种属性或计算每一个体中的缺陷数目的检查方法。

27. 计算检验

在抽样检验的样本中，对每一个体测量其某个定量特性的检查方法。

28. 观感质量

通过观察和必要的量测所反映的工程外在质量。

29. 返修

对工程不符合标准规定的部位采取整修等措施。

30. 返工

对不合格的工程部位采取的重新制作、重新施工等措施。

四、参建各方工程资料的管理职责

1. 通用职责

（1）工程参建各方应该把工程资料的形成和积累纳入工程管理的各个环节中和相关人员的职责范围。

（2）工程档案资料应该实行分级管理，由建设、勘察、设计、监理、施工等单位的主管（技术）负责人组织各自单位的资料管理的过程工作。在工程建设过程中工程资料的收集、整理和审核工作应由熟悉业务的专业技术人员负责。

（3）工程资料应该随着工程进度同步收集、整理和立卷，并按照有关规定进行移交。

（4）工程各参建单位应该确保各自资料的真实、准确、有效、完整、齐全，字迹清楚，无末了事项。所以表格应按相关规定统一格式。

（5）工程各参建方所提供的文件和资料。必须符合国家或地方的法律法规，《建筑工程施工质量验收》、《建筑工程文件归档整理规范》及工程合同等相关要求与规定。

（6）对工程文件、资料进行涂改、伪造、随意抽撤或损毁、丢失的，应规定给予处罚。情节严重的，还应依法追究法律责任。

2. 建设单位的职责

（1）负责本单位工程资料管理工作，并设专人进行收集、整理、立卷和归档工作。

（2）在与参建各方签订合同，应该对工程档案资料的编制责任、套数、费用、质量和移交期限等内容提出明确要求。

（3）向勘察、设计、监理等参建各方提出所需的工程资料，并保证所提供的资料真实、准确、齐全。

（4）本单位自行采购的建筑材料、构配件和设备等，应该保证符合设计文件和合同的要求，并保证相关质量证明文件的完整、齐全、真实有效。

（5）监督和检查参建各方工程资料形成、积累和立卷工作。也可委托监理单位或其他单位监督和检查参建各方工程资料形成、积累和立卷工作。

（6）对需本单位签字的工程资料应及时签署意见。

（7）及时收集和汇总勘察、设计、监理和施工等参建各方立卷归档的工程资料。

（8）组织竣工图的绘制、组卷工作。可自行完成，也可委托设计单位、施工单位来完成。

（9）工程开工前，与城建档案馆签订《建筑工程竣工档案责任书》，工程竣工验收前，提请城建档案馆对列入城建档案馆接收范围的工程档案，进行预验收。未取得《建筑工程竣工档案预验收意见》的，不得组织工程竣工验收。

（10）在工程竣工验收后 3 个月内，将 1 套符合规范、标准规定的工程档案原件，移交给城建档案馆办理好移交手续。

3. 勘察、设计单位的职责

（1）按照合同和规范的要求及时提供完整的勘察、设计文件。

（2）对需要勘察、设计单位签字的工程资料应签署意见。

（3）在工程竣工验收时，应据实签署本单位对工程质量检查验收意见。

4. 监理单位的职责

（1）应设熟悉业务的专业技术来负责监理的收集、整理、归档等方面的管理工作。

（2）依据合同约定，在工程的勘察、设计阶段，对勘察、设计文件的形成、积累、立卷、归档工作进行监督和检查；在施工阶段，对施工资料的形成、积累、立卷、归档进行监督和检查，使施工资料符合有关规定，并确保其完整、齐全、准确、真实、可靠。

（3）负责对施工报送的施工资料进行审查、签字。

（4）对列入城建档案馆接收范围内的监理，应在工程竣工验收后，及时移交给建设单位。

5. 施工单位的职责

（1）负责施工资料的管理工作，实行技术负责人负责制，逐级建立健全施工资料管理岗位责任制。

（2）总包单位负责汇总各分包单位编制的施工资料，分包单位负责其分包范围内施工资料的收集、整理、汇总，并对其提供资料的真实性、完整性及有效性负责。

（3）在工程竣工验收前，负责施工资料整理、汇总和立卷。

（4）按照合同的要求和有关规定，负责编制施工资料，自行保存 1 套。其他几份及时移交建设单位。

6. 城建档案馆的职责

（1）负责对建设工程档案的接收、收集、保管和利用等日常性的管理工作。

（2）负责对建设工程档案的编制、整理、归档工作，进行监督、检查、指导。

（3）组织精通业务的专业技术人员，对国家和省、市重点工程项目建设过程中工程档案编制、整理归档等工作，进行业务指导。

（4）在工程开工前，与建设单位签订《建筑工程竣工档案责任书》；在工程竣工验收前，对工程档案进行预验收，并出具《建筑工程竣工档案预验意见》。

（5）在工程竣工后的 3 个月内，对工程档案进行正式验收。合格后，接收入馆，并发放《工程项目竣工档案合格证》。

五、施工单位资料员岗位职责

1. 岗位职责

（1）负责施工单位内部及与建设单位、勘察单位、设计单位、监理单位材料及设备供应单位、分包单位、其他有关部门之间的文件及资料的收发、传达、管理等工作，应进行规范管理，做到及时收发、认真传达、妥善管理、准确无误。

（2）负责所涉及的工程图纸的收发、登记、传阅、借阅、整理、组卷、保管、移交、归档。

（3）参与施工生产管理，做好各类文件资料的及时收集、核查、登记、传阅、借阅、整理、保管等工作。

（4）负责施工资料的分类、组卷、归档、移交工作。

（5）及时检索和查询、收集、整理、传阅、保存有关工程管理方面的信息。

（6）处理好各种公共关系。

2. 收集工程资料的原则

（1）及时参与原则。施工单位文件资源的收集、管理工作必需纳入整个工程项目管理的全过程，资料员应该参加有关工程的技术、质量、安全、协调等各方面的会议，并应经常深入施工工程现场，了解施工动态，及时准确地掌握工程施工管理方面全面信息，便于施工资源的及时收集、整理和核对。

（2）保持同步原则。资源的收集工作与工程施工的每一道工序密切相关，必须与工程的施工同步进行，以保证文件资源的准确性和时效性。

（3）认真把关原则。与项目经理、施工技术负责人密切配合，严把文件资源的质量关。无论是对企业内部，还是对相关单位之间往来的文件资源都应认真核查、校对，发现问题，及时纠正。

3. 文件资料的管理工作

（1）整理分类。施工资料必须及时整理、分类，其分类的方法的很多。

1）按资料的来源不同。如分为属于建设单位的、勘察单位的、设计单位的、监理单位的、材料设备供应单位的、施工总包单位的、分包单位的、有关部门的等。

2）按资料归档的对象不同分类。如属于建设单位的、施工单位的、城建档案馆的等。

3）按资料的专业性质不同分类。如属于建筑结构工程的、建筑装饰装修工程的、建筑给水排水及采暖工程的、通风与空调工程的、建筑电气工程的、建筑智能工程的、电梯工程的等。

4）按资料的内容不同分类。如属于施工管理资料的、施工技术资料的、施工物质资料的、施工测量记录的、施工记录的、隐蔽工程检查验收记录的、施工检测资料的、施工质量验收记录的、工程竣工验收资料的等。

5）按资料形成先后顺序分类。对同一类型的资料应按其形成时间的先后顺序进行排序。

（2）存放保管。施工单位及项目经理部应配置适当的房间、器具（如文件筐、文件夹、文件盒、文件柜）等来存放文件资料。并加强管理和增强防范意识，做好"防火、防盗、防露、防虫、防光、防尘"等工作。

（3）严格履行借阅手续。应建立健全完善的关于文件及资料的收集、分类、整理、保存、传阅、借阅、查阅等制度，严格按照规定的程序办理，避免文件资料的丢失和损坏。在工作中，收文应记录文件名、文件摘要、发放部门、文件编号、收文日期、收文人员应签字；借阅或传阅应注明借阅或传阅的日期，借阅人名，传阅责任人，传阅范围及期限，借阅或传阅人应当签字认可，到期应及时归还；借阅或传阅文件借（传）出后，应在文件夹的内附目录中做上标记。

（4）及时组卷、保管、移交、归档。整理后的文件应及时组卷，按照合同和有关规定，及时把需要建设单位、施工单位、城建档案馆保存收藏的竣工资料，分别进行移交，完好归档。

4. 处理好各种公共关系

（1）处理好与项目经理之间责任承包关系。

（2）处理好与技术负责人之间的业务直接领导与被领导关系。

（3）处理好与技术员、施工员、材料员、质量员、安全员等之间的关系。

（4）处理好与项目经理部及公司主管部门之间的局部与整体之间的关系。

（5）处理好与勘察单位、设计单位、之间的业务往来关系。

（6）处理好与监理单位之间的监理与被监理的关系。

（7）处理好与城建档案管理部门之间的监督、指导与被监督、指导的关系。

六、建筑工程资料归档的范围

1. 归档范围

凡是与工程建设有关的重要活动，能够记载工程建设主要过程和现状，具有保存价值的各种载体的文件和资料，都应收集齐全并整理组卷后，向相应部门归档。其详尽的归档范围和要求参照《建筑工程文件归档整理规范》GB/T 50328—2014、《建筑工程施工质量验收》GB 50300—2018，尤其应按当地的相关标准或规程来执行。

2. 向城建档案馆报送工程档案的工作范围

（1）民用建筑工程

1）住宅建筑。

2）办公用房：机关、企业、其他。

3）文化：图书馆、档案馆、博物馆、影剧院、文化馆、俱乐部舞厅、其他。

4）教育：高等院校、中专、技校、中学、小学、幼儿园等。

5）医疗保健：医院、疗养院、防疫站、敬老院、殡仪馆等。

6）体育：体育场、体育馆、游泳馆、其他。

7）商业：商场、商店、其他。

8）金融：银行、保险公司等。

9）服务：宾馆、饭店、旅社、招待所、其他。

10）科技信息：情报中心、信息中心等。

11）政治、纪念性建筑：会堂、纪念碑、纪念塔、纪念堂、故居等。

（2）工业建筑工程

1）冶金工业：钢铁厂、轧钢厂、冶炼厂、加工厂等。

2）机械工业：机械厂、机床厂、制造厂、修理厂等。

3）石化工业：炼油厂、化工厂、橡胶厂、塑料厂等。

4）轻纺工业：纺织厂、造纸厂、针织厂、印染厂等。

5）电子仪表：计算机厂、电子仪表厂、机电设备厂等。

6）建材工业：水泥厂、砖厂、保温防火材料厂、建材厂等。

7）医药工业：制药厂、制剂厂、卫生保健用品厂等。

8）食品工业：粮食加工厂、食用油加工厂、饮料加工厂等。

9）其他：矿山、采石场等。

（3）改建、扩建或抗震加固的工程

凡是民用建筑、工业建筑工程，需要进行较大规模的改建、扩建或采取抗震加固措施等的，均应报送工程档案。

七、工程资料保管的期限与密级

1. 工程资料保管的期限的划分

工程资料保管的期限可分为永久、长期、短期三种期限。

所谓永久是指工程档案需永久保存；长期是指工程档案的保存期限等于该工程的使用寿命；短期是指工程档案保存 20 年以下。

如果在同一案卷内，同时存在有不同保管期限的文件和资料时，则该案卷保管期限应以保管期限较长的为准。

2. 工程资料保管密级的划分

工程资料保管的密级可划分为绝密、机密、秘密三种。如果在同一案卷内有不同密级的文件，则应以其中最高的密级作为该卷的密级。

八、工程资料的载体形式

1. 工程资料的载体形式

目前工程资料的载体常见形式有纸质载体、缩微品载体、磁性载体、光盘载体等。

（1）纸质载体

是以纸张为基础，在实际工作中应用最多和最普遍的一种载体形式。

（2）缩微品载体

是以胶片为基础，利用微缩技术对工程资料进行收集、保存的一种载体形式。

（3）磁性载体

是以磁带、磁盘等磁性记忆材料为基础，对实际工程的各种活动声音、图像以及电子文件、资料等进行收集、保存的一种载体形式。

（4）光盘载体

是以光盘为基础，利用现代计算机技术对实际工程的各种活动声音、图像以及电子文件、资料等进行收集、存储的一种载体形式。

由于缩微品载体和磁性载体资料的耐久性不如光盘载体，因此纸质载体、光盘载体的资料是文件、资料档案保存的主要形式，然而，无论是哪种载体形式的工程资料，都是在工程建设的实际工作过程中形成、收集和整理而成的。

2. 光盘载体的电子工程档案的归档

（1）存档保管单位尤其是城建档案馆在接受工程档案时，首先应该对纸质载体的工程档案进行仔细、严格的验收；验收合格后，进行电子工程档案的核查，核查无误后，方可进行电子工程档案的光盘刻制。

（2）电子工程档案的封套、格式必须按照存档保管单位或城建档案的要求进行。

任务2 建筑工程资料的分类、编号与整理

一、建筑工程资料分类的原则

1. 建筑工程资料的分类是按照文件资料的来源、类别、形成的先后顺序以及收集和整理单位的不同，来进行分类的，以便于资料的收集、整理、组卷。

从整体上把全部的资料划分为4大类，即分为建设单位的文件资料、监理单位的文件资料、施工单位的文件资料、竣工图资料。其中，建设单位的文件资料又划分为立项文件、建设规划用地文件、勘察设计文件、工程招标投标及合同文件、工程开工文件、商务文件、工程竣工验收及备案文件、其他文件等8小类；监理单位的文件资料划分为监理管理资料、监理质量控制资料、监理进度控制资料、监理造价控制资料等4小类；施工单位的文件资料划分为施工管理资料、施工技术资料、施工物资资料、施工测量记录、施工记录、隐蔽工程检查验收记录、施工检测资料、施工质量验收记录、单位（子单位）工程竣工验收资料等9小类；竣工图资料划分为综合竣工图、室外专业竣工图、专业竣工图等3小类；在每一小类中，再细分为若干种文件、资料或表格。

2. 施工资料的分类应根据类别和专业系统来划分。参见《建设工程文件归档整理规范》GB/T 50328—2014、《建筑工程施工质量验收统一标准》GB 50300—2013。

3. 施工资料的分类、整理和保存除执行《建设工程文件归档整理规范》GB/T 50328—2014或地方标准及规程外，尚应执行相应的国家法律法规及行业或地方的有关规定。

二、建筑工程资料编号的方法

1. 对各大类的编号

分别用大写英文字母"A""B""C""D"来表示建设单位的文件资料、监理单位的文

件资料、施工单位的文件资料。即分别编为 A 类、B 类、C 类、D 类等 4 大类资料。

2. 对各小类的编号

对于 A 类资料中所含的 8 小类资料，分别按照 A1、A2、A3、A4、A5、A6、A7、A8 的顺序来依次排列编号；B 类资料中所含的 4 小类资料，分别按照 B1、B2、B3、B4 的顺序来依次排列编号；C 类资料中所含的 9 小类资料，分别按照 C1、C2、C3、C4、C5、C6、C7、C8、C9 的顺序来依次排列编号；D 类资料中所含的 3 小类资料，分别按照 D1、D2、D3 的顺序来依次排列编号。

3. 对具体文件、资料或表格的编号

在每一小类中，再细分的若干种类的文件、资料或表格等的编号，按如下原则编号：若是 A1 中的第 9 个种资料，就编号为 A1-09，若是 B2 中的第 10 个种资料，就编号为 B2-10。

单元 2 建筑工程准备阶段文件的编写与整理（A 类）

【知识目标】 了解工程准备阶段文件的相关概念；掌握工程准备阶段文件的来源及保存方式；熟悉决策立项文件的编制；熟悉建设用地文件的编制；熟悉勘察和设计文件的编制；熟悉招投标及合同文件的编制；熟悉开工文件的编制；熟悉工程准备阶段相关商务文件的编制。

【能力目标】 能够编写及整理 A 类文件。

【素质目标】 增强学生的记忆分析能力。

任务 1 工程准备阶段文件管理

一、工程准备阶段文件概述

在工程开工前，随着工程的立项、审批、征地、拆迁、现场勘察、工程设计、建设方招标、施工方投标等相关工作的开展，会产生相应的文件资料，形成工程准备阶段的文件。

二、工程准备阶段文件的来源和保存

按照现行《建筑工程资料管理规程》的规定，施工准备阶段文件资料的类别、来源及保存方法见表 2-1。

施工准备阶段文件资料的类别、来源及保存　　　　　　　　　表 2-1

工程资料类别		工程资料名称	工程资料来源	工程资料保存			
				建设单位	施工单位	监理单位	城建档案馆
A 类		施工准备阶段资料					
A1 类	决策立项文件	项目建议书	建设单位			●	●
		项目建议书的批复文件	建设行政管理部门			●	●
		可行性研究报告及附件	建设单位			●	●
		可行性研究报告的批复文件	建设行政管理部门			●	●
		关于立项的会议纪要、领导批示	建设单位			●	●
		工程立项的专家建议资料	建设单位			●	●
		项目评估研究资料	建设单位			●	●
A2 类	建设用地文件	选址申请及选址规划意见通知书	建设单位规划部门			●	●
		建设用地批准文件	土地行政管理部门			●	●
		拆迁安置意见、协议、方案等	建设单位			●	●

11

工程资料类别		工程资料名称	工程资料来源	工程资料保存			
				建设单位	施工单位	监理单位	城建档案馆
A2类	建设用地文件	建设用地规划许可证及其附件	规划行政管理部门			●	●
		国有土地使用证	土地行政管理部门			●	●
		划拨建设用地文件	土地行政管理部门			●	●
A3类	勘察设计文件	岩土工程勘察报告	勘察部门	●	●	●	●
		建设用地钉桩通知单	规划行政管理部门	●	●	●	●
		地形测量和拨地测量成果报告	测绘单位			●	●
		审定设计方案通知书及审查意见	规划行政管理部门			●	●
		审定设计方案通知书要求征求有关部门的审查意见和要求取得的有关协议	有关部门			●	●
		初步设计图及设计说明	设计单位			●	●
		消防设计审核意见	公安机关消防机构	○	○	●	●
		施工图设计文件审查通知书及审查报告	施工图审查机构	○	○	●	●
		施工图集设计说明	设计单位	○	○	●	●
A4类	招投标及合同文件	勘察招投标文件	建设单位勘察单位			●	
		勘察合同*	建设单位勘察单位			●	●
		设计招标文件	建设单位设计单位			●	
		设计合同*	建设单位设计单位			●	●
		监理招标文件	建设单位监理单位		●	●	
		委托监理合同*	建设单位监理单位		●	●	●
		施工招标文件	建设单位施工单位	●	○	●	
		施工合同*	建设单位施工单位	●	○	●	●
A5类	开工文件	建设项目列入年度计划的申请报告	建设单位			●	
		建设项目列入年度计划的批复文件或年度计划项目表	建设行政管理部门			●	●
		规划审批申请表及报送的文件和图纸	建设单位设计单位			●	
		建设工程规划许可证及其附件	规划部门			●	●
		建设工程施工许可证及其附	建设行政主管部门	●	●	●	●
		工程质量安全监督注册登记	质量监督机构	○	○	●	●
		工程开工前的原貌影像资料	建设单位	●	●	●	●
		施工现场移交单	建设单位	○	○	○	

续表

工程资料类别		工程资料名称	工程资料来源	工程资料保存			
				建设单位	施工单位	监理单位	城建档案馆
A6 类	商务文件	工程投资估算资料	建设单位			●	
		工程设计概算资料	建设单位			●	
		工程施工图预算资料	建设单位			●	
A 类其他资料							

注：1. 表中的"●"表示"归档保存"；"○"表示"过程保存"，是否归档保存可自行确定。

　　2. 表中标注"＊"的资料，宜由施工单位和监理或建设单位共同形成。

三、建设单位文件资料的形成过程（图 2-1）

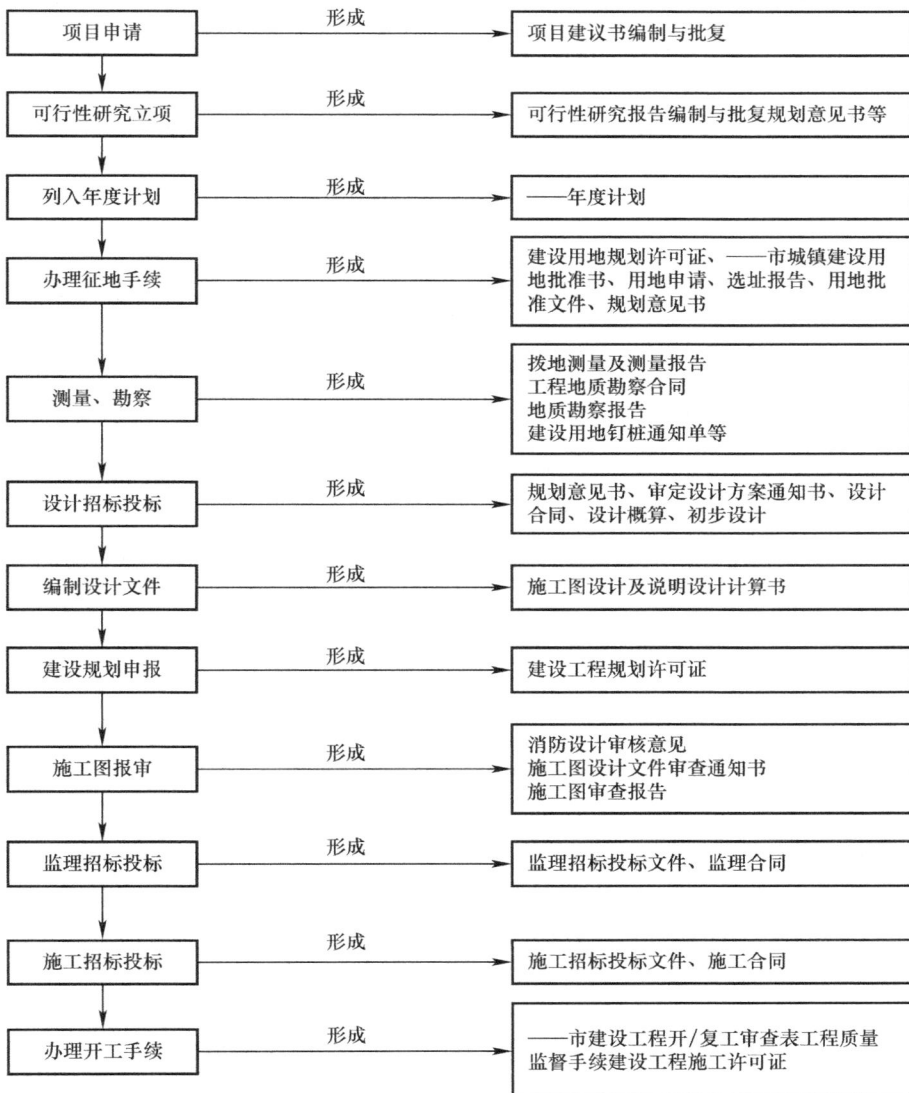

图 2-1　建设单位文件资料的形成过程

任务 2　建设单位立项文件（A1）

1. 发改部门批准的立项文件（A1-1）

它是由发展改革部门批准的该项目的立项文件，由建设单位负责收集、提供。

2. 项目建议书（A1-2）

它是由建设单位自行编制或委托其他有相应资质的咨询或设计单位编制并申报的文件，由建设单位负责收集、提供。

项目建议书的内容包括以下几个方面：

（1）建议建设项目的必要性和依据。

（2）产品方案、拟建条件、建设地点的初步设想。

（3）资源情况、建设条件、协作关系的初步分析。

（4）投资估算和资金筹措的设想。

（5）项目的进度安排。

（6）对经济效果、投资效益的初步估计。

3. 立项会议纪要（A1-3）

它是由建设单位或其上级主管部门就该项目召开立项研究会议，所形成的纪要文件，由组织会议的单位负责提供。

4. 项目建议书的批复文件（A1-4）

它是建设单位的上级主管单位或国家有关主管部门（一般是发展改革部门），对该项目建议书的批复文件。由负责批复的主管部门提供。

5. 可行性研究报告及附件（A1-5）

它是由建设单位自行编制或委托具有相应资质的工程咨询、设计单位编制可研报告，由编制单位提供。

建设项目的可行性研究报告主要包括以下几个方面的内容：

（1）概述。

（2）需求预测和拟建规模。

（3）资源、原材料、辅助材料、燃料及公用设施落实情况。

（4）建设条件和建设方案。

（5）设计方案。

（6）环境保护。

（7）生产组织、劳动定员和人员培训。

（8）实施进度的建议。

（9）投资估算和资金筹措。

（10）社会和经济效益评价。

除此之外，可行性研究报告还包括一些附件，如选址意向书、选址意见书和功能性协议等。

6. 项目评估研究资料（A1-6）

它是由建设单位或主管部门（一般是发展改革部门）组织会议，对该项目的可行性研究报告进行评估论证之后，所形成的资料，由组织评估的单位负责提供，建设单位负责收集。

7. 可行性报告的批复文件（A1-7）

它是由发展改革部门对该项目的可行性研究报告，做出的批复文件。

8. 初步设计审批文件（A1-8）

由发展改革部门组织，对该项目初步设计进行审查之后，所形成的批复文件。

9. 专家对项目的有关建议文件（A1-9）

它是由建设单位或有关部门组织专家会议，所形成的有关建议性方面的文件，由组织的单位提供，建设单位负责收集。

10. 年度计划审批文件或年度计划备案材料（A1-10）

它是由建设单位组织自行编制或由其有关主管部门批准的计划文件。

任务 3　建设单位建设规划用地文件（A2）

1. 建设项目选址意见书（A2-1）

由建设单位提出申请，规划部门批准的文件。

2. 规划线测图（航测图）（A2-2）

建设单位到规划主管部门办理的，由规划部门提供的相关图纸文件。

3. 建设项目用地定位通知书（A2-3）

建设单位到规划部门办理的用地定位通知书，由规划部门提供。

4. 建设用地规划许可证及附图（A2-4）

建设单位到规划部门办理的，由规划部门提供。

建设用地规划许可证申请表主要内容为建设单位、申报单位、工程名称、建设内容、规划管理部门根据城市总体规划的要求和建设项目的性质、内容，以及选址定点时初步确定的用地范围界线，提出规划设计条件，核发建设用地规划许可证。

5. 建设用地预审（A2-5）

建设单位到国土资源部门办理，由国土资源部门提供。

6. 征（占）用土地的批准文件和使用国有土地的批准意见（A2-6）

由具有相应批准权限的政府批准形成，由国土资源部门批准的文件。

7. 建设用地批准书（A2-7）

建设单位到国土资源部门办理，由国土资源部门负责提供。

其办理程序如下：

（1）建设用地申请。

（2）协商征地数量和补偿安置方案。

（3）划拨土地。

（4）核发国有土地使用证。

8. 土地使用证（A2-8）

建设单位到有相应权限的国土资源部门办理，由批准部门提供。

9. 拆迁安置方案及有关协议（A2-9）

由相关部门负责提供。

任务 4 建设单位勘察设计文件（A3）

1. 工程地质（水文）勘察报告（A3-1）

建设单位委托勘察单位进行勘查，由勘查单位编制而成的文件，勘察单位负责提供。

工程建设的勘察主要包括自然条件的调查、工程勘察、水文勘察、地震调查等内容。

对于建设项目来说，为查明建筑物的地质条件而进行的综合性的地质勘察工作称为工程地质勘察。

工程地质勘察报告分为文字和图表两部分。

文字部分的内容包括前言、地形、地貌、地层结构、含水层构造、不息地质现象、土的最大冻结深度、地震基本裂度、预测环境工程地质的变化和不良影响、工程地质建议等。图表部分包括工程地质分区图、平面图、剖面图、勘探点平面位置图、钻孔柱状图，以及不良地质现象的平剖面图、物探剖面图和地层的物理力学性质、试验成果资料等。

2. 设计方案（报批图）（A3-2）

由设计单位负责制定，规划部门审批后确定。

3. 审定设计方案（报批图）的审查意见（A3-3）

分别由人防、环保、交通、园林、市政、电力、电信、卫生、消防等部门提出审批意见。由负责审查的部门负责提供。

4. 建筑工程规划许可证、附件及附图（A3-4）

由建设单位到规划部门办理，规划部门负责提供。

5. 初步设计图及说明（A3-5）

由设计单位负责编制形成并提供。

6. 施工图设计及说明（A3-6）

由设计单位负责编制形成并提供。

一般建设项目的设计分为两个阶段，即初步设计和施工图设计。对于技术比较复杂，采用新工艺、新技术的重大项目的设计，通常分为 3 个阶段，即初步设计、技术设计和施工图设计。

初步设计图纸主要包括总平面图、建筑图、结构图、给水排水图、电气图、弱电图、采暖通风及空气调节图、动力图、技术与经济概算等。

技术设计是对初步设计的补充和深化，是对设计方案中比较复杂的技术问题和有关科学试验新开发的项目以及外援项目、特殊要求的建设项目，需要通过更加详细的设计和计算，对于工艺流程、建筑结构、工程技术问题等进一步阐明其可靠性和合理性。与此同时，核实建设规模，检查设备选型。

施工图设计主要包括总平面图、建筑图、结构图、给水排水图、电气图、弱电图、采暖通风及空气调节图、动力图设计、经济预算等。

施工图设计审查包括消防设计审查和建筑结构施工图设计审查，分别由公安机关消防机构和建设局施工图审查机构在各自的职责范围内进行审查。具备审查合格的施工图是建筑工程施工必备的开工条件之一。

7. 设计计算书（A3-7）

由设计单位负责编制形成并提供。

8. 施工图审查合格证书（A3-8）

由施工图审查机构对设计的施工图进行审查，合格后发给的合格证书，由施工图审查机构提供。

任务 5　工程招投标及合同文件（A4）

1. 勘察、设计、施工、监理等各种招投标文件及中标通知书（A4-1～A4-4）

招标文件由建设单位自行编制或委托具有相应资质的招标代理机构编制，投标文件分别由勘察、设计、监理、施工单位编制，中标通知书由建设单位或招标代理机构编制而成，监管部门备案。由编制单位负责提供。

勘察招投标文件是指建设单位在选择工程项目勘察单位的过程中所进行的招标、投标活动的文件资料。

工程勘察是招标人委托有资格的勘察设计单位对建设项目的可行性研究立项选址，并作为后期设计工作提供现场的实际资料。

工程勘察的内容有以下几个方面：

（1）自然条件观测。

（2）地形图测绘。

（3）资源探测。

（4）岩土工程勘察。

（5）地震安全性评价。

（6）工程水文地质勘察。

（7）环境评价和环境观测。

（8）模型试验和科研。

工程勘察招投标的工作程序如下：

（1）办理招标登记、建立招标工作机构、成立评标小组、编制招标文件。

（2）报名参加投标、对投标单位进行资格审查、领取招标文件、编制投标书并送交招标单位。

（3）开标、评标、中标、发中标通知、签订勘察合同。

2. 勘察、设计、监理、施工合同文件（A4-5～A4-8）

由建设单位分别与勘察、设计、监理、施工单位协商签订而成，并到建设主管部门备案。由参与签订的单位负责提供。

（1）勘察合同

勘察合同是建设单位与中标或委托的勘察单位为完成特定的勘察任务，明确相互权利义务关系而订立的合同，按建设与勘察单位签订的合同文件直接归档。

（2）设计招投标文件

设计招投标文件是指建设单位在选择工程项目设计单位的过程中所进行的招标、投标活动的文件资料。

为了保证设计指导思想连续地贯彻于设计的各个阶段，一般工程项目多采用技术设计招标或施工图设计招标，不单独进行初步设计招标，由中标的设计单位承担初步设计任务。

设计招投标的程序如下：

1）编制招标文件，发布招标广告或发出招标通知书，领取招标文件，投标单位报送申请书及提供资格预审文件，对投标者进行资格审查。

2）组织投标单位现场踏勘，对招标文件进行答疑，编制投标书并按规定送达。

3）当众开标、组织评标、确定中标单位，与中标单位签订合同。

（3）设计合同是指建设单位与中标或委托的设计单位为完成特定的勘察任务，明确相互权利义务关系而订立的合同，按建设与设计单位签订的合同文件直接归档。

（4）监理招标文件包括以下几个方面的内容：

1）投标须知。

2）合同条件。

3）建设单位提供的现场办公条件。

4）对监理单位的要求。

5）必要的设计文件、图纸、有关资料及有关技术规定。

6）其他事宜。

投标文件包含以下几个方面的内容：

1）投标人的资质。

2）监理大纲。

3）拟派项目的主要监理人员及监理人员的素质说明。

4）监理单位提供用于工程的检测设备和仪器，或委托有关单位检测的协议。

5）监理费报价和费用的组成。

（5）施工招投标文件

施工招投标文件是指建设单位在选择工程项目施工单位过程中所进行的招标、投标活动的文件资料。

招标文件主要包括以下 4 个方面的内容：

1）招标公告

招标公告是公开招标时发布的一种周知性文书，要公布招标单位、招标项目、招标时间、招标步骤及联系方法等内容。

2）资格预审文件

资格预审文件是由资格预审须知和资格预审申请表两部分组成。资格预审须知是明确参加招标投标单位应知事项和申请人应具备的资历及有关证明文件；资格预审申请表是由投标人按照招标单位对投标申请人的要求条件而编写的。

3）招标文件

招标文件是投标人编写投标书和报价的依据，文件中的各项内容应尽可能完整、详细、明确、具体。

4）招标控制价

招标控制价一般委托工程造价咨询单位编制。

（6）施工承包合同

建设工程施工承包合同是指施工单位按期完成并交付建设单位所委托的基本建设工作，而发包人按期进行验收和支付工程价款和报酬的合同。按建设单位与施工单位签订的合同直接归档。

建设工程施工合同中把合同分为合同协议书、通用条款和专用条款 3 个部分。

1）合同协议书

合同协议书需要明确的主要内容包括工程概况、主要技术来源、主要日期、工程质量标准、合同价款、付款货币及合同生效等。

2）通用条款

通用条款包括一般包括词语定义及合同文件，双方一般权利和义务，施工组织设计和工期，质量与检验，安全施工，合同价款与支付，材料设备与供应，工程变更，竣工验收与结算，违约、索赔和争议等。

3）专用条款

专用条款是结合工程实际，经协商达成一致意见的条款，是对通用条款的具体化、补充或修改。其他内容由合同当事人根据建设工程项目的具体特点和实际要求细化。

4）附件

建设工程施工合同一般包含 3 个附件，即"承包人承揽工程项目一览表""发包人供应材料设备一览表"以及"房屋建筑工程质量保修书"。

任务 6　工程开工文件（A5）

1. 验线合格文件（A5-1）

由规划部门进行验线审查后形成的文件，由规划部门负责提供。

2. 建筑工程竣工档案责任书（A5-2）

由城建档案馆与建设单位签订而成，当地城建档案馆负责提供统一格式的责任书。

3. 工程质量监督手续（A5-3）

建设单位到质量监督机构办理履行工程质量监督的手续，由质量监督机构负责提供。

4. 建筑工程施工许可证（A5-4）

由建设单位到建设行政主管部门办理工程施工许可，建设行政主管部门负责提供。建设工程施工许可证申请表是指新建、改建、扩建项目在工程正式开工前，对具备了开工条件的建设项目，由建设单位向建设行政主管部门提出要求开工的申请。

建设工程施工许可证是新建、改建、扩建工程开工必备的依据性文件，开工的建设项目经审查具备开工条件后，由具有审批权限的建设行政管理部门核发建设工程施工许可证。

建设单位应当自领取施工许可证之日起三个月内开工。

任务 7 商务文件（A6）

1. 工程设计概算（A6-1）

由建设单位自行编制或委托工程造价咨询单位负责编制，也可能是设计单位编制的。由编制单位提供。

在建设工程的初步设计阶段，设计单位根据初步设计规定的总体布置及单项工程的主要建筑结构和设备清单来编制建设项目总概算。设计概算一般包括建筑安装工程费用，设备、工器具购置费用，其他工程和费用，预备费等。

2. 施工图预算（A6-2）

由设计单位负责编制的，也可能是由建设单位自行编制或委托工程造价咨询单位负责编制的文件，由编制单位负责提供。

工程项目招投标阶段，根据施工图设计下的工程量编制施工图预算。施工图预算是确定标底的依据，投标单位编制的施工图预算是确定报价的依据，标底、报价是评标、决标的重要依据。

3. 工程结、决算（A6-3）

由建设单位和施工单位即合同的双方编制并认可后形成的文件。

工程决算是建筑安装企业完成工程任务后向建设单位办理的工程款最终数额的计算。

工程决算书是建设单位按照国家有关规定编制的竣工决算报告。

任务 8 工程竣工验收及备案文件（A7）

1. 建设工程竣工档案预验收意见（A7-1）

由负责编制的单位申报，城建档案馆进行预验收，而后形成意见。由城建档案馆提供。

2. 规划、消防、环保等部门出具的认可文件或准许使用文件（A7-2）

分别由各参与验收的单位出具文件。

3. 房屋建筑工程质量保修书（A7-3）

由建设单位与施工单位经过协商后签订文件。

4. 单位工程竣工验收备案表（A7-4）

单位工程竣工验收合格后，由建设单位负责到质检监督部门办理。

5. 单位工程竣工验收报告（A7-5）

由建设单位负责提供。

任务 9　其他文件（A8）

1. 建筑工程概况表（A8-1）

由建设单位向城建档案馆移交工程档案时填写的表格。

2. 工程竣工总结（A8-2）

由建设单位编制的综合性总结，简要介绍工程建设的全过程，建设单位可根据以下要求编写工程竣工总结。

（1）概述

1）工程立项的依据和建设目的。

2）工程概况，包括工程位置、规模、数量、概算（包括征（占）用土地、拆迁、补偿费）、结算、决算等。

3）工程设计、工程监理、工程施工招投标情况。

（2）设计、施工情况

1）设计单位、设计内容、工程设计特点及建筑新材料。

2）开、竣工日期，施工管理、技术、质量等方面情况。

3）质量事故及处理情况。

4）建筑红线内的市政公用工程施工情况（包括给水排水、电力、通信、热力、燃气等）及道路、绿化施工情况。

（3）工程质量及经验教训

工程质量鉴定意见和评价；工程遗留问题及处理意见。

（4）其他需要说明的问题

对于组织工程竣工验收会的工程，可将验收会上的工程竣工报告作为工程竣工总结。

3. 工程开工前、施工过程中、竣工时录像及照片（A8-3）

建设单位收集、提供。

4. 住宅使用说明书（A8-4）

由施工单位负责提供。

【课外延伸】　建设单位文件资料范例

根据《辽宁省城市建设档案管理办法》（2001 年第 4 号省长令）第十条规定，城建档案管理部门与建设单位就工程项目竣工档案报送一事，签订责任书如下：

1. 工程基本情况

项目名称：

建设地点：

建设规模：

开工时间：　　　　年　　　月　　　日，竣工时间：　　　　年　　　月　　　日

建设单位：

建设单位联系人：　　　　　　　　　　电话：

施工单位：

施工单位联系人：　　　　　　　　电话：

设计单位：

设计单位联系人：　　　　　　　　电话：

监理单位：

监理单位联系人：　　　　　　　　电话：

2. 建设单位责任人

（1）建设单位必须确定专人负责工程项目档案资料的收集管理工作。

（2）工程开工前，建设单位应对施工单位进行工程项目档案工作交底，明确上缴工程项目档案的内容、标准及奖罚措施。

（3）工程竣工时，建设单位负责通知城建档案管理部门对工程项目档案进行预验收。

（4）工程竣工后，建设单位应当在 6 个月内将一套完整的工程项目竣工档案原件报送城建档案管理部门。

3. 城建档案管理部门责任

（1）城建档案管理部门应当在接到建设单位的验收通知后的 20 个法定工作日内，到双方确定的验收地点进行验收。

（2）按国家及省有关标准和规定对工程项目竣工档案验收合格后，应及时颁发《工程项目竣工档案合格证》。

4. 处理措施

建设单位未按要求时限和范围报送工程竣工档案的，按《辽宁省城市建设档案管理办法》第二十二条规定责令限期改正，预期未改的，处以 1 万元至 5 万元罚款。

本责任书一式两份，城建档案管理部门建设单位各执一份。

城建档案管理部门（公章）：

负责人（签章）：　　　　　　　　年　　　月　　　日

建设单位（公章）：

负责人（签章）：　　　　　　　　年　　　月　　　日

思考与练习

1. 决策立项文件都包含哪些文件资料，分别由哪些建设相关单位提供，应在哪些单位进行保存，如何保存？

2. 什么是可行性研究报告，其包含哪些内容和附件？

3. 重大项目设计一般分为几个阶段，分别是什么，其具体内容有哪些？

4. 招投标及合同文件都包含哪些文件资料，分别由哪些建设相关单位提供，应在哪些单位进行保存，如何保存？

5. 设计招投标的程序有哪些？

6. 监理招标文件都包含哪些内容？

7. 开工文件都包含哪些文件资料，分别由哪些建设相关单位提供，应在哪些单位进行保存，如何保存？

单元 3　框剪结构建筑监理资料（B 类）

【知识目标】　了解工程监理资料的相关概念；掌握工程监理资料的来源及保存方式；熟悉监理管理资料的编制；熟悉质量控制资料的编制；熟悉造价控制资料的编制；熟悉合同管理资料的编制；熟悉竣工验收资料的编制。
【能力目标】　能够理解和掌握建筑工程监理资料的内容。
【素质目标】　增强学生的记忆理解能力。

任务 1　工程监理资料管理

一、工程监理资料的概念

建设工程监理资料是监理单位在建筑工程设计、施工等监理过程中形成的文件资料。工程监理资料是监理工作中各种控制与管理的依据与凭证。

二、工程监理资料的来源与保存

监理文件档案资料归档内容，组卷方法及监理档案的验收、移交和管理工作，应根据现行的《建设工程监理规范》GB 50319—2013 及《建设工程文件归档整理规范》GB/T 50328—2014 并参考工程项目所在地区建设工程行政主管部门、建设监理行业主管部门、地方城市建设档案管理部门的规定执行。

按照现行的《建筑工程资料管理规程》JGJ/T 185—2009，监理文件要求在不同的单位归档保存，见表 3-1。

监理文件资料类别、来源及保存　表 3-1

工程资料类别		工程资料名称	工程资料来源	工程资料保存			
				施工单位	监理单位	建设单位	城建档案馆
B 类		监理资料					
B1 类	监理管理资料	监理规划	监理单位		●	●	●
		监理实施细则	监理单位	○	●	●	●
		监理月报	监理单位		●	●	
		监理会议纪要	监理单位	○	●	●	
		监理工作日志	监理单位		●		
		监理工作总结	监理单位		●	●	●
		工作联系单	监理单位 施工单位	○	○		
		监理工程师通知单	监理单位	○	○		

续表

工程资料类别		工程资料名称	工程资料来源	工程资料保存			
				施工单位	监理单位	建设单位	城建档案馆
B1 类		监理工程师通知单回复单*	施工单位	○	○		
		工程暂停令	监理单位	○	○	○	●
		工程复工报审表*	施工单位	●	●	●	●
B2 类	进度控制资料	工程开工报审表*	施工单位	●	●	●	●
		施工进度计划报审表*	施工单位	○	○		
B3 类	质量控制资料	质量事故报告及处理资料	施工单位	●	●	●	●
		旁站监理记录*	监理单位	○	●	●	
		见证取样和送检见证人备案表	监理单位建设单位	●	●	●	
		见证记录*	监理单位	●	●	●	
		工程技术文件报审表*	施工单位	○	○		
B4 类	造价控制资料	工程款支付申请表	施工单位	○	○	●	
		工程款支付证书	监理单位	○	○	●	
		工程变更费用报审表*	施工单位	○	○	●	
		费用索赔申请表	施工单位	○	○	●	
		费用索赔审批表	监理单位	○	○	●	
B5 类	合同管理资料	委托监理合同*	监理单位		●	●	●
		工程延期申请表	施工单位	●	●	●	●
		工程延期审批表	监理单位	●	●	●	●
		分包单位资质报审表*	施工单位	●	●	●	
B6 类	竣工验收资料	单位（子单位）工程预验收报验表*	施工单位	●	●	●	
		单位（子单位）工程质量竣工验收记录**	施工单位	●	●	●	●
		单位（子单位）工程质量控制资料核查记录*	施工单位	●	●	●	●
		单位（子单位）工程安全和功能检验资料检查及主要功能抽查记录*	施工单位	●	●	●	●
		单位（子单位）工程观感质量检查记录*	施工单位	●	●	●	●
		工程质量评估报告	监理单位	●	●	●	
		监理费用决算资料	监理单位		○	●	
		监理资料移交书	监理单位		●	●	
B 类其他资料							

注：1. 表中的"●"表示"归档保存"；"○"表示"过程保存"，是否进行归档保存可自行确定。
    2. 表中标注"*"的资料，宜由施工单位和监理或建设单位共同形成；表中标注"**"的资料，宜由建设单位、设计单位、监理单位和施工单位多方共同形成。

任务 2　监理管理资料（B1）

监理单位文件资料的管理是指监理工程师受建设单位的委托，在其进行监理工作期间，对工程建设实施过程中所形成的与监理相关的文档进行收集积累、加工整理、组卷归档和检索利用等进行的一系列工作。

监理文件资料管理的对象是监理文件资料，它们是工程建设监理信息的主要载体之一。建设工程监理文件档案资料管理的主要内容包括：监理文件资料的收发与登录，监理文件资料的传阅及发文，监理文件资料的分类存放，监理文件资料的借阅、更改与作废。

一、建立管理资料

（一）监理规划

监理规划是监理单位在签订委托监理合同及收到设计文件后由总监理工程师主持、专业监理工程师参加编制的，经监理单位技术负责人审核批准，用来指导项目监理机构全面开展监理工作的纲领性文件。

监理规划是项目监理机构全面开展监理工作的具有可操作性的指导性文件，是监理单位的主管部门对监理单位进行检查了解、考核评判的依据资料之一，也是建设单位确认监理单位是否全面、认真履行监理合同的主要依据。

《监理规划》应在签订监理合同、收到施工合同、施工组织计划、设计图纸文件后 1 个月内，由总监理工程师主持专业监理工程师参加编制完成，并必须经过监理单位和建设单位审核批准。该工程项目的监理规划，经监理公司技术负责人审核批准后，在监理交底会前报送建设单位。监理规划的内容应有针对性，做到控制目标明确、措施得力有效、工作程序合理、工作制度健全、职责分工明确，对监理工作确实有指导作用。并应有时效性，在建设项目实施过程中，应根据情况的变化做出必要的调整和修改，并再经原审批程序批准后，报送建设单位。

《监理规划》（表 B1-01）的内容包括工程项目特征（如工程名称、建设地点、建设规模等），工程相关单位名录（如建设单位、勘察单位、设计单位、施工单位、分包单位等），监理工作的主要依据，监理范围和目标，工程的进度、质量、造价、安全控制，旁站监理方案，合同及其他事项管理，项目监理机构的组织形式、人员构成及职责分工，项目监理部资源配置一览表，监理工作的程序、工作方法、措施、管理制度等。

（二）监理实施细则

监理实施细则是根据监理规划，在落实了各专业的监理责任后，针对工程项目中某一专业或某一方面开展监理工作的操作性文件。

监理实施细则应在相应工程施工开始前编制完成，由专业监理工程师编写，并经总监理工程师批准。监理实施细则一般应包括已批准的监理规划、与工程有关的设计和技术资料，以及施工组织设计等。

《监理实施细则》（表 B1-02）包括专业工程特点，监理工作的流程，监理工作的控制要点及目标值，监理工作的方法及措施等。

二、监理月报

监理月报是在工程施工过程中，监理单位就工程实施情况和监理工作，定期向建设单位所做的报告。

监理月报由总监理工程师组织专业监理工程师编制，签字确认后报送建设单位。

《监理月报》（表 B1-03）的内容一般可根据工程建设规模的大小来决定汇总内容的详细程度。具体如下：

（1）工程概况。如当月的工程概况，当月施工的基本情况。

（2）当月工程的形象进度。

（3）工程进度。天气对施工的影响情况，当月实际完成情况与计划进度的比较，对进度完成情况及采取措施的效果。

（4）工程质量与安全。当月工程质量及安全情况，当月采取的工程质量、安全措施及效果。

（5）工程质量与工程款支付。工程的审核情况，工程款审批情况及当月支付情况，工程款支付情况分析，当月采取的措施及效果。

（6）合同及其他事项的处理情况。工程变更，工程延期、费用索赔等。

（7）当月的监理工作小结。对本月进度、质量、安全、工程款支付等方面情况的综合评价，当月的监理工作情况，有关本施工项目的建议和意见，下月监理工作的重点等。

《监理月报》应由项目总监理工程师组织编制，签署后报送建设单位和本监理单位。报送的时间由监理单位和建设单位协商确定，一般在收到施工单位项目经理部报来的工程进度、汇总了当月已完成的工程量和当月计划完成工程量的工程量表、工程款支付申请表等相关资料后，在最短的时间内提交，大约为 5～7 天。

三、监理会议记录

在工程施工过程中，根据委托监理合同的管理范围，总监理工程师应根据实际情况定期或不定期主持召开监理会议，形成的会议记录要由监理单位负责起草，并经与会各方代表会签。

《监理会议纪要》（表 B-04）应由项目监理部根据会议记录整理，经过总监理工程师审阅，并经过与会各方代表会签。再发至有关参建各方，并应做好签收手续。

监理例会是参建各方为了相互沟通情况、交流信息、协调处理、研究解决各自在合同履约过程中存在的方方面面问题的一种主要协调方式，其会议要由监理部根据会议记录整理，内容主要包括：

（1）例会的地点与时间。

（2）会议主持人。

（3）与会人员的姓名、单位、职务。

（4）例会的主要内容、决议事项，及其负责落实的单位、负责人与时限要求。

（5）其他事项。

如果例会中对重大问题有不同意见时，应将各方的主要观点，特别是相互对立的意见记入"其他事项"中，会议纪要内容必须真实准确、简明扼要。

监理会议包括第一次工地会议、工地例会及专题会议等。

四、监理工作日志

监理工作日志是监理单位在监理工程的施工期间每日记录气象、施工情况、材料进场及使用情况、监理工作情况及其他相关事项的日记。

监理工作日志是监理资料中重要的组成部分，是监理单位完整的工程跟踪资料，是监理服务工作量和价值的体现，也是监理人员素质和技术水平的体现。

《监理工作日志》（表B1-05）以项目监理工作为记载对象，自该项目监理工作开始至该项目监理工作结束止，应由专人负责逐日如实记载。

主要记录：

（1）每日人员、材料、构配件、设备的变化情况。

（2）每日施工的具体部位、工序的质量、进度情况、材料使用情况、抽检、复检情况，施工程序执行情况，人员、设备的安排情况等。

（3）对于发现的施工问题，当时是否要求施工单位及时纠正，是否发了监理通知单。

（4）施工单位提出的问题，监理人员的答复等。

（5）每日的施工进度执行情况，索赔情况，安全文明施工情况。

（6）记录发生争议时的各方的相同和不同意见以及协调情况。

（7）每日天气和温度情况，天气和温度对工序质量的影响及采取的措施情况。

五、监理工作总结

监理工作总结是把一个时间段的监理工作情况进行一次全面系统的检查、评价、分析、研究等。

监理工作总结包括专题总结、月报总结、工程竣工总结及工程质量评估报告等。在各个阶段的监理工作结束时，监理单位应按要求编写监理工作总结提交给建设单位并归档。

《监理工作总结》（表B1-06）的内容包括工程概况，监理组织机构，监理人员和投入的建立设施，监理合同履行情况，监理工作成效，施工过程中出现的问题及处理情况和建议，必要时还可以附上工程照片或录像等。

《监理工作总结》应由总监理工程师主持编写并批准，然后报送建设单位和本监理单位。

六、工程技术文件报审

施工单位编写的工程技术文件，须经施工单位相关部门审批后，填写《工程技术文件报审表》（表B01-07）报项目监理部。总监理工程师组织专业监理工程师审查，填写审查意见，由总监理工程师签署审核结论。

七、分包单位资格报审

施工总承包单位应选择具有承担分包工程施工资质和能力的单位，填写《分包单位资格报审表》（表B1-08）报项目监理部，专业监理工程师审查总承包单位报送的分包单位有关资质资料，符合有关规定后，报总监理工程师审批。

八、工作联系单

监理单位和其他参建单位传递意见、建议、决定、通知等的工作联系时，可采用工作联系单。工作联系单中应写明联系的事由和具体内容，并应由联系单位盖章，负责人签字。

当工作联系单不需要回复时，应有签收记录，并应注明收件人的姓名、单位和接收日期，并由有关单位各保存一份。

九、监理工程师通知单

监理工程师通知单是指监理单位认为在工程实施过程中需要将建设、设计、勘察、材料供应等各方应知的事项发出的监理文件。

监理工程师现场发出的口头指令及要求，也应采用此表，事后予以确认。

施工单位在接到《监理通知》之后，根据通知中提到的问题，认真分析，制定措施，及时整改，并把整改的结果填写《监理通知回复单》（表 B1-10），经项目经理签字，项目经理部盖章后，报项目监理复查。

十、工程变更单

《工程变更单》（表 B1-12）用于工程变更。工程一旦发生变更，往往会增加或减少费用，此时应由施工单位填写《工程变更单》，报给项目监理部。项目监理部进行审核，并与施工单位及建设单位协商后，由总监理工程师签认，建设单位批准。当工程变更与设计有关时，尚需设计代表签字。

十一、竣工移交证书

工程竣工验收完成后，由项目总监理工程师和建设单位代表共同签署《竣工移交证书》（表 B1-13）并加盖监理单位、建设单位公章。

十二、工程暂停令

工程暂停令是指施工过程中发生了需要停工处理的事件，由总监理工程师签发的暂时停止施工的指令性文件。

发生下列情况的任意一种，总监理工程师应根据停工原因、影响范围，确定工程停工范围，签发工程暂停令，向承包单位下达工程暂停的指令：①在建设单位的要求下工程需要暂时停工；②出现工程质量问题，必须停工处理；③出现质量或安全隐患，为避免造成工程质量损失或危及人身安全而需要暂停施工；④承包单位未经许可擅自施工或拒绝项目监理部管理；⑤发生必须暂停施工的紧急事件。

任务 3 监理质量控制资料（B2）

一、施工测量放线报验

（1）施工单位应将施工测量方案，红线桩的校核成果，水准点的引测结果填写《施工测量放线报验表》（表B2-01），并附上《工程定位测量记录》报项目监理部查验。

（2）施工单位在施工场地设置平面坐标控制网（或控制导线）及高程控制网后，也应填写《施工测量放线报验表》（表B2-01）报项目监理部查验。

（3）对施工轴线控制桩的位置，各楼层墙轴线、柱轴线、边线、门窗洞口位置线、水平控制线、轴线竖向投测控制线等放线结果，施工单位也应填写《施工测量放线报验表》（表B2-01），并附上《楼层放线记录》报项目监理部查验。

（4）沉降观测报验

《沉降观测记录》也应采用《施工测量放线报验表》（表B2-01）报项目监理部查验。

二、工程物资进场报验

工程物资进场后，施工单位应根据有关规定对使用的主要原材料、构配件和设备进行检查，合格后填写《工程物资进场报验表》（表B2-02），并附出厂质量证明文件、进场复试报告、商检证等相关资料，报项目监理部，监理工程师签署审查意见。

三、分部（子分部）工程施工质量验收报验

施工单位完成分部（子分部）工程施工，经过自检合格后，填写《分部（子分部）工程施工质量验收报验表》（表B2-03）并附上《分部（子分部）工程施工质量验收记录》和相关附件，报项目监理部，总监理工程师应组织验收并签署意见。

四、监理抽检

当监理工程师对工程巡视检查或对质量有怀疑进行抽检时，填写《监理抽检记录》（表B2-04）。

《监理抽检记录》由监理工程师负责填写，总监理工程师审定，若是需要发生费用的检查，应事先征得建设单位的同意。

五、不合格相处置

监理工程师在隐蔽工程验收和检验批验收中，针对不合格的工程填写《不合格项处置记录》（表B2-05），监督施工单位整改。

签发人为发现问题的监理工程师或总监理工程师，验收人应是签发人或总监理工程师。

六、旁站监理

监理人员在实施旁站监理时填写《旁站监理记录》（表B2-06），并由旁站监理人员及施工单位现场专职质检员会签。

旁站监理是在工程项目实施过程中，项目监理人员在施工现场对施工单位的施工活动进行的跟踪监理，在旁站监理过程中形成的监理记录即为旁站监理记录。

旁站监理记录应包含以下几个方面的内容：

（1）记录旁站监理的部位或工序名称，说明该部位是关键部位或关键工序。

（2）旁站监理起止时间、地点、气候与环境。

（3）旁站监理施工中执行规范、设计等的工作情况。

（4）旁站监理工作中对所监理的关键部位、工序等的质量控制情况，对旁站监理系统的工程质量的总体评价。

（5）旁站监理工作中发生的操作、工艺、质量等方面的问题。

（6）旁站监理中有无突发性事故发生，提出了哪些解决方案。

（7）旁站监理的工程质量结果如何。

（8）其他内容。

旁站监理记录是监理工程师或总监理工程师依法行使其签字权的重要依据。旁站监理记录应及时、准确，内容完整、齐全，技术用语规范，文字简洁明了。旁站监理记录经监理工程师验收后应存档备查。旁站监理记录上的签字和盖章必须完全，否则无效，不得代签和加盖手章。

七、单位（子单位）工程施工质量竣工预验收报检

施工单位在单位（子单位）工程完工，经自检合格并达到竣工预验收条件后填写《单位（子单位）工程施工质量竣工预验收报验表》（表 B2-07），并附上相应的竣工资料（包括分包单位的竣工资料）报项目监理部，申请工程竣工预验收。总监理工程师应组织项目监理部人员与施工单位人员，根据有关规定共同对工程进行竣工预验收。对于存在的问题，施工单位应及时整改，整改合格后由总监理师签署《单位（子单位）工程施工质量竣工预验收报验表》。

八、见证取样和送检见证人备案书

（1）每个单位工程都应该按照有关规定，设定取样和送检见证人员，见证人员应由该工程的监理单位或建设单位具备岗位资格的专业技术人员担任，并由该工程监理单位或建设单位填写《见证取样和送检见证人备案书》（表 B2-08），施工单位项目负责人签字，报送负责该工程的质量监督机构和检测试验单位备案。

（2）单位工程施工前，监理单位应根据施工单位报送的施工试验计划编制见证取样和送检计划，内容包括单位工程应有见证取样和送检的项目，取样的原则与方式，应做的试验，检测总数及见证试验，检测次数等。

见证员应按以下要求开展见证工作：

（1）见证建筑材料取样和试件、试块制作全过程。

（2）送检前在试样包装上签名并作好标记。

（3）监护试样送达检测单位，向检测单位收样员出示见证员证件。

（4）对不合试验结果做记录，并及时上报项目总监和质监机构。

（5）对见证样品的代表性、真实性负责。

取样员应按以下要求开展取样工作：

（1）在见证员的见证下，按有关规范和标准制作和抽取试样。

（2）送检前在试样包装上签名并作好标记。

（3）在见证员的监护下，将试样送到检测单位，向检测单位收样员出示取样员证件。

（4）对不合格试验结果做好记录，并及时上报项目负责人及项目技术负责人。

（5）对送检样品的代表性和真实性负责。

见证人员应按见证取样和送检计划，对施工现场的取样和送检进行见证。取样人员应在试样或其包装上作出标识、封志。标识和封志应标明工程名称、取样部位、取样日期、样品名称和样品数量，并由见证人员和取样人员签字。

见证人员应作见证记录，并将见证记录归入施工技术档案。

见证记录在建筑工程质量控制管理中占有十分重要的位置。对于关键部位、关键工序的施工，若监理人员和承包单位现场质检人员未在见证记录上签字，则不能进行下一道工序的施工。

九、工程质量评估报告

工程竣工预验收合格后，由项目总监理工程师向建设单位提交《工程质量评估报告》（B2-09）。《工程质量评估报告》包括工程概况、施工单位基本情况，主要采取的施工方法，工程地基基础和主体结构及各分部的质量状况，施工中发生过的质量事故和主要质量问题及原因分析和处理结果：对工程质量的综合评估意见。

评估报告由项目总监理工程师及监理单位技术负责人签字，并加盖公章。

十、质量事故处理资料

施工中发生的质量事故，应按有关规定上报处理，项目总监理工程师应将《质量事故处理资料》（B2-10）书面报告有关部门。

当发生工程质量事故时，监理单位应以书面报告的形式，经监理单位技术负责人签署意见后，上报至建设单位和建设行政主管部门。

书面报告的内容包括：①事故发生的时间、地点、工程名称、参建单位；②事故发生的简要经过、伤亡人数和直接经济损失；③事故发生的原因；④事故发生后采取的措施及事故控制情况；⑤事故的处理意见。

任务 4　监理进度控制资料（B3）

一、工程开/复工报审表

（1）当现场具备开工条件且已做好各项准备工作后，施工单位应及时填写《工程复工报审表》（表 B3-01）报项目监理工程师审批，总监理工程师审批后报建设单位。

（2）无能由何方原因造成的工程暂停，在暂停原因消失具备复工条件时，施工单位应及时填写《工程复工报审表》（表 B3-01）报项目监理工程师审批，总监理工程师审批后报建设单位。

二、施工进度计划报审表

施工单位应根据建设施工合同的约定，及时编制施工总进度计划、年进度计划、并及时填写《工程进度计划报审表》（表 B3-02）报项目监理部审批，总监理工程师应及时审批后报建设单位。

三、（　）月工、料、机动态表

施工单位每月 25 日前，报《（　）月工、料、机动态表》（表 B3-03）；主要施工设备进场调试合格后开始使用前也应填写要本表项目监理部。塔吊、外用电梯等的安检资料及计量设备检定资料应作为本表的附表，监理单位留存备案。

四、施工延期报审表

工程发生延期事件时，施工单位在合同约定的期限内，向项目监理部提交《工程延期报审表》（表 B3-04），在项目监理部最终评估出延期天数并与建设协商一致后，总监理工程师才给予批复。

五、工程暂停令

总监理工程师根据实际情况，按合同规定签发《工程暂停令》（表 B3-05）。

任务 5　监理造价控制资料（B4）

一、工程进度（结算）款报审表

施工单位根据完成的工作量，按照施工合同的约定，计算相应的工程进度款，然后填写《（　）工程进度（结算）款报审表》（表 B4-01）报项目监理部审批。

工程款支付证书是监理单位在收到施工单位的工程款支付申请表后，根据承包合同和有关规定审查复核后签署的，用于建设单位应向施工单位支付工程款的证明文件，它是监理单位向建设单位转呈的支付证明书，内容应填写完整，文字简洁明了，其办理应及时、准确。工程款支付证书中监理单位必须加盖公章和总监理工程师签字，否则无效，不得代签和加盖手章。

二、工程变更费用报表

施工单位根据工程变更单完成工作量，填写《工程变更费用报审表》（表 B4-02）报项目监理部审查。

三、费用索赔报审

索赔事件终止后，施工单位填写《费用索赔报审表》（表 B4-03）报项目监理部审批。

施工单位提出的索赔符合《建设工程监理规范》所规定的条件时，总监理工程师应予以受理，并应与建设单位、施工单位进行协商，并签发费用索赔审批表。本表用于收到施工单位报送的《费用索赔申请表》后，工程项目监理部针对此项索赔事件，在全面调查了解、审核与评估后做出批复。

表 B4-03 中应详细说明同意或不同意该项索赔的理由，若同意索赔，则应写明同意支付的索赔金额及其计算方法。

受理索赔的条件包括以下几个方面：①索赔事件给施工单位造成了直接经济损失；②索赔事件是由于非施工单位的责任发生的；③施工单位已按施工合同规定的期限和程序提出费用索赔申请表，并附有索赔凭证材料。

索赔处理的依据有：①国家相关的法律、法规和地方法规；②国家、部门和地方有关的标准和规范；③本工程的施工合同文件；④施工合同履行过程中与索赔事件有关的凭证。

四、临时签证报审

当现场发生临时签证事项时，施工单位填写《临时签证报审表》（表 B4-04）报项目监理部审批。

五、工程款支付报审表

施工单位在申请支付工程款时填写此表。

任务 6　合同管理资料（B5）

一、委托监理合同

委托监理合同是工程建设单位聘请监理单位代其对工程项目进行管理，明确双方权利、义务的协议。监理单位应将委托监理合同存档。

二、工程延期审批表

工程延期审批表用于工程项目监理部接到承包单位报送的《工程临时延期申请表》后，对申报情况进行调查、审核与评估后，初步做出是否同意延期的批复。

总监理工程师应在施工合同约定的期限内签发工程延期审批表，并依据施工合同中有关工期的约定及工期拖延和影响工期事件的事实和程度，影响工期事件对工期影响的量化程度来确定工程延期的时间。

本表由总监理工程师签发，签发前应征得建设单位的同意。

任务 7　竣工验收资料（B6）

一、工程质量评估报告

工程质量评估报告一般应包括工程概况、质量评估依据、分部分项工程划分及质量评定、质量评估意见 4 个部分。

工程质量评估报告由监理单位填写，报告中应对工程质量存在的问题逐条列出，每条内容填写时均可加附页。

工程质量的评估依据主要有以下几个方面：①国家、地方现行有关建筑工程质量管理办法、规定等；②建筑安装工程质量检验评定标准、施工验收规范及相应的国家、地方现行标准；③设计文件等。

二、监理费用决算资料

工程监理费是指建设工程监理与相关服务的收费。

建设工程监理与相关服务是指监理人接受发包人的委托，提供建设工程项目施工阶段的质量、进度、费用控制管理和安全、合同、信息等方面协调管理服务，以及勘察、设计、设备监造、保修等阶段的相关工程服务。

当监理单位完成了委托监理合同里的全部服务内容后，建设单位应与监理单位对工程监理费进行结算，其结算的相关资料应归档。

三、监理资料移交书

工程完工后，监理单位应将整理好的监理资料向建设单位移交，并按要求填写监理资料移交书。

监理资料的移交应符合以下条件：①工程完工，并具备竣工验收条件；②除配合竣工结算审核、审计外，监理项目工作结束，无监理自身遗留问题；③移交资料内容完整、真实，整理规范，符合相关要求。

【课外延伸1】 本章表例

工作联系单　　　　　　　　　　　　　　　　　　表 B.1.1

工程名称		编号	
致_____（单位）			
事由：			
内容：			
		单位_____	
		负责人_____	
		日期_____	

监理工程师通知单　　　　　　　　　　　　　　　　　　表 B. 1. 2

工程名称		编号	

致＿＿＿＿＿＿＿＿＿（施工总承包单位/专业承包单位）

事由：

内容：

要求：

附件：

监理单位＿＿＿＿＿＿＿＿

总/专业监理工程师＿＿＿＿＿＿＿＿

日　期＿＿＿＿＿＿＿＿

工程暂停令　　　　　　　　　　　　　　　　　　　　　表 B. 1. 3

工程名称		编号	

致＿＿＿＿＿＿＿＿＿（施工总承包单位/专业承包单位）

由于＿＿＿＿＿＿＿＿＿＿＿＿＿＿＿＿，现通知你方必须于＿＿＿年＿＿＿月＿＿＿日＿＿＿时起，对本工程的
＿＿＿＿＿＿＿＿＿部位（工序）实施暂停施工，并按要求做好下述工作：

1.（略）
2.（略）
3.（略）

监理单位＿＿＿＿＿＿＿＿

总监理工程师＿＿＿＿＿＿＿＿

日　期＿＿＿＿＿＿＿＿

旁站监理记录 表 B.3.1

工程名称				编号	
开始时间			结束时间	日期及天气	
监理的部位或工序：					
施工情况：					
监理情况：					
发现问题：					
处理结果：					
备注：					
监理单位名称：＿＿＿＿＿＿＿＿			施工单位名称：＿＿＿＿＿＿＿＿		
旁站监理人员（签字）：＿＿＿＿＿＿			质检员（签字）：＿＿＿＿＿＿		

见证取样和送检见证人员备案表 表 B.3.2

工程名称			编号	
质量监督站			日期	
检测单位				
施工总承包单位				
专业承包单位				
见证人员签字		见证取样和送检印章	（印章）	
建设单位（章）		监理单位（章）		

见 证 记 录   表 B. 3. 3

工程名称					编号	
样品名称		试件编号			取样数量	
取样部位/地点				取样日期		
见证取样说明						
见证取样和送检印章	（印章）					
签字栏	取样人员			见证人员		

工程款支付证书   表 B. 4. 1

工程名称		编号	

致＿＿＿＿＿＿＿＿（建设单位）

　　根据施工合同＿＿＿＿＿＿条＿＿＿＿＿＿款的约定，经审核施工单位的支付申请及附件，并扣除有关款项，同意本期支付工程款共（大写）＿＿＿＿＿＿（小写：＿＿＿＿＿＿），请按合同约定及时支付。
其中：
1. 施工单位申报款为：＿＿＿＿＿＿＿＿
2. 经审核施工单位应得款为：＿＿＿＿＿＿＿＿
3. 本期应扣款为：＿＿＿＿＿＿＿＿
4. 本期应扣款为：＿＿＿＿＿＿＿＿

附件：

监理单位＿＿＿＿＿＿＿＿

总监理工程师＿＿＿＿＿＿＿＿

日　　期＿＿＿＿＿＿＿＿

费用索赔审批表 表 B.4.2

工程名称		编号	

致_____（施工总承包/专业承包单位）

　　根据施工合同_____条_____款的约定，你方提出的_____费用索赔申请（第_____号），索赔（大写）_____（小写：_____），经我方审核评估：

　　□不同意此项索赔
　　□同意此项索赔，金额为（大写）_____元

同意/不同意索赔的理由：

索赔金额的计算：

监理单位_____

总监理工程师_____

日　期_____

工程延期审批表 表 B.5.1

工程名称		编号	

致_____（施工总承包/专业承包单位）

　　根据施工合同_____条_____款的约定，我方对你方提出的_____工程延期申请（第_____号）要求延长工期_____日历天的要求，经过审核评估：

　　□同意工期延长_____日历天，使竣工日期（包括已指令延长的工期）从原来的_____年_____月_____日延迟到_____年_____月_____日，请你方执行。

　　□不同意延长工期，请按约定竣工日期组织施工。

说明：

监理单位_____

总监理工程师_____

日　期_____

思考与练习

1. 监理管理资料都包含哪些文件资料，分别由哪些建设相关单位提供，应在哪些单位进行保存，如何保存？

2. 什么是监理规划，其主要包含哪些方面的内容？

3. 什么是监理月报，其主要包含哪些方面的内容？

4. 施工过程中出现哪些情况时，总监理工程师应签发工程暂停令？

5. 旁站监理记录的内容有哪些？

6. 见证员和取样员的工作要求有哪些？

7. 造价控制资料都包含哪些文件资料，分别由哪些建设相关单位提供，应在哪些单位进行保存，如何保存？

8. 受理索赔的条件和依据分别是什么？

单元4 框剪结构建筑施工资料（C类）

【知识目标】 了解施工资料的相关概念；掌握施工资料的来源与保存方式；熟悉施工管理
资料的编制；熟悉施工技术资料的编制；熟悉进度造价资料的编制；熟悉施工物资资料的
编制；熟悉施工记录的编制；熟悉施工试验记录及检测报告的编制；熟悉施工质量验收记
录的编制；熟悉竣工验收资料的编制。
【能力目标】 能够掌握建筑工程施工资料相关表格的填写。
【素质目标】 增强学生的记忆理解能力。

任务1 施工资料管理

一、施工资料概述

施工资料是建筑工程各类资料中最复杂也是最重要的资料。

一般来说，在施工过程中形成的业内资料，应按报验、报审程序，通过施工单位的有
关部门审核后，再报送建设单位或监理单位进行审核认定。施工资料的报验、报审具有时
限性的要求，与工程有关的各单位宜在合同中约定清楚报验、报审的时间及应该承担的责
任。若无约定，施工资料的申报、审批应遵守国家和当地建设行政主管部门的有关规定，
并不得影响正常施工。

对于有分包的工程，总承包方应在与分包方签订的分包合同中，明确施工资料的提交
份数、时间及质量等要求。分包方应在工程完工时，按照合同的约定将施工资料规定及时
移交给总承包方。

二、施工资料的来源与保存

按照现行的《建筑工程资料管理规程》JGJ/T 185—2009，施工文件的分类以及在不
同单位的归档保存方式见表4-1。

施工文件资料类别、来源及保存 表4-1

工程资料类别		工程资料名称	工程资料来源	工程资料保存			
				施工单位	监理单位	建设单位	城建档案馆
C类		施工资料					
C1类	施工管理资料	工程概况表	施工单位	●	●	●	●
		施工现场质量管理检查记录	施工单位	○	○		
		企业资质证书及相关专业人员岗位证书	施工单位	○	○		
		分包单位资质报审表	施工单位	●	●	●	
		建设工程质量事故调查、勘察记录	调查单位	●	●	●	●

续表

工程资料类别		工程资料名称	工程资料来源	工程资料保存			
				施工单位	监理单位	建设单位	城建档案馆
C1类	施工管理资料	建设工程质量事故报告书	调查单位	●	●	●	●
		施工监测计划	施工单位	○	○		
		见证记录	监理单位	●	●	●	
		见证试验检测汇总表	施工单位	●	●		
		施工日志	施工单位	●			
		监理工程师通知回复单	施工单位	○	○		
C2类	施工技术资料	工程技术文件报审表	施工单位	○	○		
		施工组织设计及施工方案	施工单位	○	○		
		危险性较大分部分项工程施工方案专家论证表	施工单位	○	○		
		技术交底记录	施工单位	○			
		图纸会审记录	施工单位	●	●	●	●
		设计变更通知单	设计单位	●	●	●	●
		工程洽商记录（技术核定单）	施工单位	●	●	●	●
C3类	进度造价资料	工程开工报审表	施工单位	●	●	●	●
		工程复工报审表	施工单位	●	●	●	●
		施工进度计划报审表	施工单位	○	○		
		施工进度计划	施工单位	○	○		
		人、机、料动态表	施工单位	○	○		
		工程延期申请表	施工单位	●	●	●	●
		工程款支付申请表	施工单位	○	○	●	
		工程变更费用报审表	施工单位	○	○	●	
		费用索赔申请表	施工单位	○	○	●	
C4类	施工物资资料	出厂质量证明文件及检测报告					
		砂、石、砖、水泥、钢筋、隔热保温、防腐材料、轻集料出厂质量证明文件	施工单位	●	●	●	●
		其他物资出厂合格证、质量保证书、检测报告和报关单或商检证等	施工单位	●	○	○	
		材料、设备的相关检验报告、型式检测报告、3C强制认证合格证书或3C标志	采购单位	●	○	○	
		主要设备、器具的安装使用说明书	采购单位	●	○	○	
		进口的主要材料设备的商检证明书	采购单位	●	○	●	●
		涉及消防、安全、卫生、环保、节能的材料、设备的检测报告或法定机构出具的有效证明文件	采购单位	●	●	●	
		进场检验通用表格					
		材料、构配件进场检验记录	施工单位	○	○		
		设备开箱检验记录	施工单位	○	○		
		设备及管道附件试验记录	施工单位	●	○	●	
		进场复试报告					
		钢材试验报告	检测单位	●	●	●	●
		水泥试验报告	检测单位	●	●	●	●

建筑工程技术资料管理

续表

工程资料类别		工程资料名称	工程资料来源	工程资料保存			
				施工单位	监理单位	建设单位	城建档案馆
C4类	施工物资资料	砂试验报告	检测单位	●	●	●	●
		碎（卵）石试验报告	检测单位	●	●	●	●
		外加剂试验报告	检测单位	●	●	○	
		防水涂料试验报告	检测单位	●	○		
		防水卷材试验报告	检测单位	●	○		
		砖（砌块）试验报告	检测单位	●	●	●	●
		预应力筋复试报告	检测单位	●	●	●	
		预应力锚具、夹具和连接器复试报告	检测单位	●	●	●	
		装饰装修用门窗复试报告	检测单位	●	○	●	●
		装饰装修用人造木板复试报告	检测单位	●	○	●	
		装饰装修用花岗石复试报告	检测单位	●	○	●	
		装饰装修用安全玻璃复试报告	检测单位	●	○	●	
		装饰装修用外墙面砖复试报告	检测单位	●	○	●	
		钢结构用钢材复试报告	检测单位	●	●	●	●
		钢结构用防火涂料复试报告	检测单位	●	●	●	
		钢结构用焊接材料复试报告	检测单位	●	●	●	
		钢结构用高强度大六角头螺栓连接副复试报告	检测单位	●	●	●	
		钢结构用扭剪型高强螺栓连接副复试报告	检测单位	●	●	●	
		幕墙用铝塑板、石材、玻璃、结构胶复试报告	检测单位	●	●	●	
		散热器、采暖系统保温材料，通风与空调工程绝缘材料、风机盘管机组、低压配电系统电缆的见证取样复试报告	检测单位	●	○	●	
		节能工程材料复试报告	检测单位	●	●	●	
C5类	施工记录		通用表格				
		隐蔽工程验收记录*	施工单位	●	●	●	
		施工检查记录*	施工单位	○			
		交接检查记录*	施工单位	○			
			专用表格				
		工程定位测量记录*	施工单位	●	●	●	●
		基槽验线记录	施工单位	●	●	●	●
		楼层平面放线记录	施工单位	○	○		
		楼层标高抄测记录	施工单位	○	○		
		建筑物垂直度、标高观测记录*	施工单位	●	○	●	
		沉降观测记录	建设单位委托测量单位提供	●	○	●	●
		基坑支护水平位移监测记录	施工单位	○	○		
		桩基、支护测量放线记录	施工单位	○	○		
		地基验槽记录*	施工单位	●	●	●	●

续表

工程资料类别		工程资料名称	工程资料来源	工程资料保存			
				施工单位	监理单位	建设单位	城建档案馆
C5类	施工记录	地基钎探记录	施工单位	○	○	●	●
		混凝土浇灌申请书	施工单位	○	○		
		预拌混凝土运输	施工单位	○			
		混凝土开盘鉴定	施工单位	○			
		混凝土拆模申请单	施工单位	○	○		
		混凝土预拌测温记录	施工单位	○	○		
		大体积混凝土养护测温记录	施工单位	○	○		
		大型构件吊装记录	施工单位	○	○	●	●
		焊接材料烘焙记录	施工单位	○	○	●	
		地下工程防水效果检查记录*	施工单位	○	○	●	
		防水工程试水检查记录*	施工单位	○	○	●	
		通风（烟）道、垃圾道检查记录*	施工单位	○	○	●	
		预应力筋张拉记录	施工单位	●	○	●	●
		有黏结预应力结构灌浆记录	施工单位	●	○	●	
		钢结构施工记录	施工单位	●	○	●	
		网架（索膜）施工记录	施工单位	●	○	●	●
		木结构施工记录	施工单位	●	○	●	
		幕墙注胶检查记录	施工单位	●	○		
		自动扶梯、自动人行道的相邻区域检查记录	施工单位	●	○		
		电梯电气装置安装检查记录	施工单位	●	○		
		自动扶梯、自动人行道电气装置检查记录	施工单位	●	○		
		自动扶梯、自动人行道整机装置安装检查记录	施工单位	●	○	●	
C6类	施工试验记录及检测报告	通用表格					
		设备单机试运转记录*	施工单位	●	○	●	●
		系统试运转调试记录*	施工单位	●	○	●	●
		接地电阻测试记录*	施工单位	●	○	●	●
		绝缘电阻测试记录*	施工单位	●		●	
		建筑与结构工程					
		锚杆试验报告	检测单位	●	○	●	●
		地基承载力检验报告	检测单位	●	○	●	●
		桩基检测报告	检测单位	●		●	●
		土工击实试验报告	检测单位	●	○	●	●
		回填土试验报告	检测单位	●	○	●	●
		钢筋机械连接试验报告	检测单位	●		●	●
		砂浆配合比申请单、通知单	检测单位		○		
		砂浆抗压强度试验报告	检测单位	●		●	●
		砌筑砂浆试块强度统计、评定记录*	施工单位	●		●	●
		混凝土配合比申请单、通知单	检测单位	○	○		
		混凝土抗压强度试验报告	检测单位	●	○	●	●
		混凝土试块强度统计、评定记录*	检测单位	●		●	●

工程资料类别	工程资料名称		工程资料来源	工程资料保存			
				施工单位	监理单位	建设单位	城建档案馆
C6类	施工试验记录及检测报告	混凝土抗渗试验报告	检测单位	●	○	●	●
		砂、石、水泥放射性指标报告	施工单位	●	○	●	●
		混凝土碱总量计算书	施工单位	●	○	●	●
		外墙饰面砖样板黏结强度试验报告	检测单位	●	○	●	●
		后置埋件抗拔试验报告	检测单位	●	○	●	●
		超声波探伤报告、探伤记录	检测单位	●	○	●	●
		钢构件射线探伤报告	检测单位	●	○	●	●
		磁粉探伤报告	检测单位	●	○	●	●
		高强度螺栓抗滑移系数检测报告	检测单位	●	○	●	●
		钢结构焊接工艺评定	检测单位	○	○	●	●
		网架节点承载力试验报告	检测单位	●	○	●	●
		钢结构胶缝试验	检测单位	●	○	●	●
		木结构胶缝试验报告	检测单位	●	○	●	●
		木结构构件力学性能试验报告	检测单位	●	○	●	●
		木结构防护剂试验报告	检测单位	●	○	●	●
		幕墙双组分硅酮结构密封胶混匀性及拉断试验报告	检测单位	●	○	●	●
		幕墙的抗风压性能、空气渗透性能、雨水渗透性能检测报告	检测单位	●	○	●	●
		外门窗的抗风压性能、空气渗透性能与雨水渗透性能检测报告	检测单位	●	○	●	●
		墙体节能工程保温板材与基层黏结强度现场拉拔试验	检测单位	●	○	●	●
		外墙保温浆料同条件养护试件试验报告	检测单位	●	○	●	●
		结构实体混凝土强度检验记录*	施工单位	●	○	●	●
		结构实体钢筋保护层厚度检测记录*	施工单位	●	○	●	●
		围护结构现场实体检验	检测单位	●	○	●	●
		室内环境检测报告	检测单位	●	○	●	
		节能性能检测报告	检测单位	●	○	●	●
		给排水及采暖工程					
		灌（满）水试验记录*	施工单位	○	○	●	
		强度严密性试验记录*	施工单位	●	○	●	●
		通水试验记录*	施工单位	○	○	●	
		冲（吹）洗试验记录*	施工单位	○	○	●	
		通球试验记录	施工单位	○	○		
		补偿器安装记录	施工单位	○	○	●	
		消火栓试射记录	施工单位	●	○		
		安全附件安装检查记录	施工单位	●	○		
		锅炉烘炉试验记录	施工单位	●	○		
		锅炉煮炉试验记录	施工单位	●	○	●	
		锅炉试运转记录	施工单位	●	○	●	

续表

工程资料类别		工程资料名称	工程资料来源	工程资料保存			
				施工单位	监理单位	建设单位	城建档案馆
C6 类	施工试验记录及检测报告	安全阀定压合格证书	检测单位	●	○	●	
		自动喷水灭火系统联动试验记录	施工单位	●	○	●	●
		建筑电气工程					
		电气接地装置平面示意图表	施工单位	●	○	●	○
		电气器具通电安全检查记录	施工单位	○	○	●	
		电气设备空载试运行记录 *	施工单位	●	○	●	●
		建筑物照明通电试运行记录	施工单位	●	○	●	
		大型照明灯具承载试验记录 *	施工单位	●	○	●	
		漏电开关模拟试验记录	施工单位	●	○	●	
		大容量电气线路节点测温记录	施工单位	●	○	●	
		低压配电电源质量测试记录	施工单位	●	○	●	
		建筑物照明系统照度测试记录	施工单位	○	○	●	
		智能建筑工程					
		综合布线测试记录	施工单位	●	○	●	●
		光纤损耗测试记录	施工单位	●	○	●	●
		视频系统端测试记录	施工单位	●	○	●	●
		子系统检测记录 *	施工单位	●	○	●	●
		系统试运行记录	施工单位	●	○	●	●
		通风与空调工程					
		风管漏光检测记录 *	施工单位	○	○	●	
		风管漏风检测记录 *	施工单位	●	○	●	
		现场组装除尘器、空调机漏风检测记录	施工单位	○	○	●	
		各房间室内风量测量记录	施工单位	●	○	●	
		管网风量平衡记录	施工单位	●	○	●	
		空调系统试运转调试记录	施工单位	●	○	●	●
		空调水系统试运转调试记录	施工单位	●	○	●	●
		制冷系统气密性试验记录	施工单位	●	○	●	●
		净化空调系统检测记录	施工单位	●	○	●	
		防排烟系统联合试运转记录	施工单位	●	○	●	
		电梯工程					
		轿厢平层准确度测量记录	施工单位	○	○	●	
		电梯层门安全装置检测记录	施工单位	●	○	●	
		电梯电气安全装置检测记录	施工单位	●	○	●	
		电梯整机功能检测记录	施工单位	●	○	●	
		电梯主要功能检测记录	施工单位	●	○	●	
		电梯负荷运行试验记录	施工单位	●	○	●	●
		电梯负荷试运行试验曲线图标	施工单位	●	○	●	
		电梯噪声测试记录	施工单位	○	○	○	
		自动扶梯、自动人行道安全装置检测记录	施工单位	●	○	●	
		自动扶梯、自动人行道整机性能、运行试验记录	施工单位	●	○	●	●

工程资料类别		工程资料名称	工程资料来源	工程资料保存			
				施工单位	监理单位	建设单位	城建档案馆
C7 类	施工质量验收记录	检验批质量验收记录 *	施工单位	○	○	●	
		分项工程质量验收记录 *	施工单位	●	●	●	
		分部（子分部）工程质量验收记录 **	施工单位	●	●	●	●
		建筑节能分部工程质量验收记录 **	施工单位	●	●	●	●
		自动喷水系统验收缺陷项目划分记录	施工单位	●	○	○	
		程控电话交换系统分项工程质量检验记录	施工单位	●	○	●	
		会议电视系统分项工程质量验收记录	施工单位	●	○	●	
		卫星数字电视系统分项工程质量验收记录	施工单位	●	○	●	
		有线电视系统分项工程质量验收记录	施工单位	●	○	●	
		公共广播域紧密广播系统分项工程质量验收记录	施工单位	●	○	●	
		计算机网络系统分项工程质量验收记录	施工单位	●	○	●	
		应用软件系统分项工程质量验收记录	施工单位	●	○	●	
		网络安全系统分项工程质量验收记录	施工单位	●	○	●	
		空调与通风系统分项工程质量验收记录	施工单位	●	○	●	
		变配电系统分项工程质量验收记录	施工单位	●	○	●	
		公共照明系统分项工程质量验收记录	施工单位	●	○	●	
		给排水系统分项工程质量验收记录	施工单位	●	○	●	
		热源和热交换系统分项工程质量验收记录	施工单位	●	○	●	
		冷冻和冷却水系统分项工程质量验收记录	施工单位	●	○	●	
		电梯和自动扶梯系统分期工程质量验收记录	施工单位	●	○	●	
		数据通信接口分项工程质量验收记录	施工单位	●	○	●	
		中央管理工作站及操作分站分项工程质量验收记录	施工单位	●	○	●	
		系统实时性、可维护性、可靠性分项工程质量验收记录	施工单位	●	○	●	
		现场设备安装及检测分项画等号质量验收记录	施工单位	●	○	●	
		火灾自动报警及消防联动系统分项工程质量验收记录	施工单位	●	○	●	
		综合防范功能分项工程质量验收记录	施工单位	●	○	●	
		视频安防监控系统分项工程质量验收记录	施工单位	●	○	●	
		入侵报警系统分项工程质量验收记录	施工单位	●	○	●	
		出入口控制（门禁）系统分项工程质量验收记录	施工单位	●	○	●	
		巡更管理系统分项工程质量验收记录	施工单位	●	○	●	
		停车场（库）管理系统分项工程质量验收记录	施工单位	●	○	●	
		安全防范综合管理系统分项工程质量验收记录	施工单位	●	○	●	
		综合布线系统安装分项工程质量验收记录	施工单位	●	○	●	
		综合布线系统性能检测分项工程质量验收记录	施工单位	●	○	●	
		系统集成网络连接分项工程质量验收记录	施工单位	●	○	●	

续表

工程资料类别		工程资料名称	工程资料来源	工程资料保存			
				施工单位	监理单位	建设单位	城建档案馆
C7 类	施工质量验收记录	系统数据集成分项工程质量验收记录	施工单位	●	○	●	
		系统集成整体协调分项工程质量验收记录	施工单位	●	○	●	
		系统集成综合管理及冗余功能分项工程质量验收记录	施工单位	●	○	●	
		系统集成可维护性和安全性分项工程质量验收记录	施工单位	●	●	●	
		电源系统分项工程质量验收记录	施工单位	●	○	●	
C8 类	竣工验收资料	工程竣工报告	施工单位	●	●	●	
		单位（子单位）工程竣工预验收报验表*	施工单位	●	●	●	●
		单位（子单位）工程质量竣工验收表*	施工单位	●	●	●	●
		单位（子单位）工程质量控制资料核查记录*	施工单位	●	●	●	●
		单位（子单位）工程安全和功能检验资料核查及主要功能抽查记录*	施工单位	●	●	●	●
		单位（子体位）工程观感质检查记录*	施工单位	●	●	●	●
		施工决算资料	施工单位	○	○	●	
		施工资料移交书	施工单位	●		●	
		房屋建筑工程质量保修书	施工单位	●	●	●	
C 类其他资料							

注：1. 表中的"●"表示"归档保存"；"○"表示"过程保存"，是否进行归档保存可自行确定。
　　2. 表中标注"*"的资料，宜由施工单位和监理或建设单位共同形成；表中标注"**"的资料，宜由建设单位、设计单位、监理单位和施工单位多方共同形成。

任务 2 施工管理资料（C1）

在建筑工程的各类资料中，最为复杂、重要且比较容易出现问题的当属施工资料。根据相关规定，施工过程中所成的内业资料，应该按照报验、报审程序，通过施工单位的有关部门审核后，再报送建设单位进行审核认定。施工资料的报验、报审具有时限性的要求，与工程有关的各单位宜在合同中约定清楚报验、报审的时间及应该承担有责任。如果没有约定，施工资料的申报、审批应遵守国家和当地建设行政主管部门的有关规定，并不得影响正常施工。

对于有分包的工程，总承包方应在与分包方签订的分包合同中，明确施工资料的提交份数、时间及质量等要求。分包方应在工程完工时，按照合同的约定将施工资料规定及时移交给总承包方。

施工管理资料

施工管理资料是施工单位制定的管理制度，控制质量、安全、工期措施，对人员、物资组织管理等的资料。

47

1. 工程概况表

工程概况表是对工程基本情况的简要描述，包括单位工程的一般情况、构造特征、机电系统等。

一般情况包括：工程名称、建筑用途、建筑地点、建设单位、监理单位、施工单位、建筑面积、结构类型和建筑层数等。

构造特征包括：地基与基础、柱、内外墙、梁、板、楼盖、内外墙装饰、屋面构造、防火设备等。

机电系统是指工程包括的机电各系统名称。

除此之外，还应注明一些需要特殊说明的内容。

2. 施工现场质量管理检查记录

施工现场质量管理检查记录是对健全质量管理体系的具体要求，凡是在建的建筑工程在开工前都要做施工现场质量检查记录。

施工现场质量管理检查记录由施工单位填写，监理单位的总监理工程师进行检查，并写出检查结论。填写《施工现场质量管理检查记录》（表C1-02）报项目监理工程师（或建设单位项目负责人）审核确认。

3. 企业资质证书及相关专业人员岗位证书

施工单位承揽工程项目时，必须满足相应的资质要求，其项目经理及关键技术岗位的专业人员也必须具备上岗资格。

施工单位的企业资质证书复印件、项目经理执业资格证书复印件及专业人员的上岗证书复印件均需存档，报监理单位审核。

4. 施工日记（表C1-03）

施工日记应由项目经理部确定专人负责填写，记录从工程开工之日止的全部技术质量管理和生产经营活动。其主要内容包括：

（1）生产情况：施工部位、施工内容、机械作业、班组工作以及生产存在问题等。

（2）技术质量安全活动：技术质量安全措施贯彻实施、检查评定验收及发生的技术质量安生问题等。

5. 工程开/复工报审

施工单位在完成施工准备并取施工许可证之后，应填写《工程开/复工报审报表》（表B3-01），向监理（建设）单位提出开工申请，监理（建设）单位应及时审批。

6. 工程开/复工报告

在施工过程中由于某些原因而导致工程需要停工，或停工后经采取措施重新具备施工条件时，施工单位应填写《工程开/复工报告》C1-04，报监理（建设）单位审批。

7. 分包单位资质报审表

分包单位资质报审表是施工总承包单位实施工程分包时，提请监理单位对其分包单位资质进行审查确认。因此，总承包单位在选定某一分包单位后应填写《分包单位资质报审表》报监理单位审查。

分包单位资质审查的内容主要有：①分包单位是否具有营业执照、资质等级证书、安全生产许可证，以及特殊行业施工许可证等；②分包单位是否具有与拟分包工程的类似工程的施工业绩；③拟分包工程的内容和范围是否超出资质证书中核定的内容和范围；④管理人员和特种作业人员资格证和上岗证是否合法有效。

监理单位对审查不合格的分包单位应予以否决，指令施工单位另外选择分包单位并重新报审。若施工合同中已明确分包单位，施工单位可不再对分包单位资质进行报审。

该表由施工单位填报，加盖公章并经项目经理签字，经专业监理工程师审核，符合要求后签字，由总监理工程师最终审核并签字，加盖监理单位公章。

8. 建设工程质量事故调查、勘查记录

建设工程质量事故是指在工程建设过程中或在交付使用后，由于建设、勘察、设计、施工、监理等单位违反工程质量有关法律法规和工程建设标准，使工程产生结构安全、重要使用功能方面的缺陷，造成人身伤亡或者重大经济损失的事故。

建设行政主管部门应按照有关人民政府的授权和委托，组织或参与事故调查组对事故进行调查。工程质量事故调查组应对质量事故的调（勘）查及处理情况，形成建设工程质量事故调查、勘查记录，并存档。

9. 建设工程质量事故报告书

建设工程质量事故报告书应包括以下内容：事故发生的时间、地点，以及当前的伤亡情况，事故简要情况及事故原因的判断，损失金额，事故发生后采取的措施及事故控制情况，处理办法，直接责任者与职务，处理后复查意见。

10. 施工检测计划

施工单位应会制工程项目的施工检测计划报送监理单位，由监理工程师给出审批意见后存档。

施工检测计划的内容包括该工程的工程概况、编制依据及说明、人员配备及检测取样要求、试验方案、检测试验计划，以及其他需要说明的问题。

施工检测计划应内容齐全、步骤清晰，层次分明。计划编制要及时，应在施工前完成并报审通过。计划的参编人员应在会签表上签字，交项目经理签署意见并签字，报监理单位审批。

11. 见证试验检测汇总表

见证试验检测汇总表是指核查用于工程的各种材料和预制构件的见证试验检测，通过汇总达到检查的目的。

施工过程中所采用的所有材料和预制构件的见证试验检测全部汇总，不得缺漏，并按工程进度的顺序进行汇总。

12. 施工日志

施工日志是施工过程中由管理人员对有关工程施工、技术管理、质量管理活动及其效果逐日做出的具有连续完整性的记录。

施工日志贯穿整个施工过程。其内容主要包括：

（1）工程的开、竣工日期，主要分部、分项工程的施工起止日期，以及技术资料的提供情况。

（2）工程准备工作的记录，包括现场准备、施工组织设计学习、技术交底的重要内容及交底的人员、日期、施工图纸中的关键部位等重要问题。

（3）进入施工后对班组抽检活动的开展情况及其效果，组织互检和交接检的情况，施工组织设计及技术交底的执行情况的记录和分析。

（4）分项工程的质量评定、质量检查、隐蔽工程验收、上级组织的各项检查等技术活动的日期、结果、存在的问题及处理情况记录。

（5）有关领导或部门对工程所作的生产、技术方面的决定或建议。

（6）新工艺、新材料的推广使用情况。

（7）原材料的检验结果、施工检验结果的记录，包括检验日期、检验内容、达到的效果及未达到要求的处理情况及结论。

（8）质量、安全、机械事故的记录，包括原因、调查分析、责任人、研究情况以及处理结论等，对人员伤亡、经济损失等的记录。

（9）有关商洽、变更情况，交代的方法、对象、结果的记录。

（10）有关归档资料的转交时间、对象以及主要内容的记录。

（11）气候、气温、地质以及其他特殊情况。

13. 监理工程师通知回复单

监理工程师通知回复单是施工单位在接到监理工程师通知后，对通知内容所进行的严肃回应。

施工单位接到监理单位发来的监理工程师通知后，应认真依据指令所提要求进行整改，填写监理工程师通知回复单，将整改结果向监理单位汇报，请监理工程师复验。回复内容应重点说明整改措施和预防措施。

监理单位在接到监理工程师通知回复单后，应及时派出专业监理工程师对有关问题部位进行复查，并根据复查结果签署意见。文件经总监理工程师签字确认后生效。

任务 3　施工技术资料（C2）

施工技术资料是施工单位用以指导、规范和科学化施工的资料。

一、单位工程施工组织设计

施工单位在正式施工前编制《单位工程施工组织设计》（表 C2-01-1～C2-10-13），经施工单位相关部门审核，由总工程师审批后填写《工程技术文件报审表》（表 B3-07），报监理单位审定签字实施。

施工单位向监理单位报送的工程技术文件（如施工组织设计、施工方案、质量处理措施、技术核定单等），应按规定填写工程技术文件报审表。

二、施工方案及专项施工方案专家论证审查报告

施工方案是指施工单位开工前为工程所做的施工组织、施工工艺、施工计划等方面的设计，是指导拟建工程全过程中各项活动的技术、经济和组织的综合性文件。

危险性较大分部分项工程应当在施工前单独编制专项施工方案，超过一定规模的危险性较大的分部分项工程施工方案，还应由专家进行论证。

主要部分（子部分）、分项工程，重点部位、技术复杂或采用新技术的关键工序应编制《专项施工方案》（表 C2-02），冬、雨期施工方案。施工方案应经施工单位相关部门审

核，并经总工程师审批后，再填写《工程技术文件报审表》（表 B1-07），报监理单位审定签字实施。施工方案也可以采用单位工程施工组织设计等相关用表。

另外根据建设部关于"危险性较大工程安全专项施工方案专家论证审查报告"（建质〔2004〕213 号）的指示精神，凡是危险性较大的工程必须编制安全专项施工方案，并且必须经过专家论证审查后，方可施工。其安全专项方案及专项施工方案专家论证审查意见，均是施工技术资料的重要组成部分。

三、技术、质量交底记录

（1）《技术、质量交底》（表 C2-03）是对施工图、设计变更、施工技术规范、施工质量验收标准、操作规范、施工组织设计、施工方案、分项工程施工操作技术、新技术施工方法等进行的具体要求与指导。

（2）技术、质量交底由总工程师、技术质量部门负责人、项目技术负责人、有关技术质量人员及施工人员分别负责，并由交底人和被交底人签字确认。

四、设计交底

技术交底是指施工企业进行技术、质量管理的一项重要环节，是把设计要求、施工措施、安全生产贯彻到基层的一项管理办法。技术交底应形成技术交底记录并存档。

施工图纸会审前，建设单位召集监理和施工单位人员，由设计人员进行设计交底，并填写《设计交底记录》（表 C2-04，经各方签字后实施）。

五、图纸会审

图纸会审记录是对设计文件进行审查和会审，对提出的问题予以记录的技术文件。

工程开工前，建设单位组织设计、监理和施工单位有关人员进行施工图纸会审，由施工单位进行记录整理汇总，填写《图纸会审记录》（表 C2-05），经各方签字后实施。

六、设计变更通知单

设计变更通知单是在设计施工过程中，由于设计图纸本身的问题、设计图纸与实际情况不符，施工条件变化，原材料的规格、品种、质量不符合设计要求，以及有关人员提出的合理化建议等原因，需要对设计图纸部分内容进行修改而办理的变更设计文件。

工程设计变更时，设计单位应及时签发《设计变更通知单》（表 C2-06），经项目总监理工程师（建设单位负责人）签订后，转交施工单位。

七、工程洽商记录

建设单位、监理单位以及施工单位在工程施工过程中，对涉及施工技术、工程造价、施工进度等方面问题提出合理化建议，需对施工图进行修改时，提出方和设计单位应与其他相关各方协商取得一致意见，对施工图按程序进行修改，并以工程洽商记录的形式经各方签字后存档。

《工程洽商记录》（表 C2-07），应分专业办理，内容应该属实，如果涉及施工单位。

八、技术联系（通知）单

《技术联系（通知）单》（表 C2-08）是用于施工单位与建设、设计、监理等单位进行技术联系与处理时使用文件。技术联系（通知）单应写明需解决或交代的具体内容。经协商各方同意签字可代替《设计变更通知单》。

任务 4　进度造价资料（C3）

一、工程开工报审表

施工单位应在合同约定的开工日期前 7 天填报工程开工报审表和有关资料，总监理工程师对其申报资料进行审核并征得建设单位同意后签发。

施工单位在编写工程开工报告时应确保已满足下列条件：①施工许可证已获政府主管部门批准，并已签发《建设工程施工许可证》；②征地拆迁工作能够满足工程施工进度的需要；③施工图纸及有关设计文件已齐备；④施工组织设计已经监理机构审定并经总监理工程师批准；⑤施工现场的场地、道路、水、电、通信和临时设施已满足开工要求，地下障碍已查明；⑥测量控制桩已经项目监理机构复查合格；⑦施工、管理人员已按设计到位，相应的组织机构和制度已经建立，施工设备等已按需要到场，主要材料供应已落实。

整个项目一次开工只填报一次，若工程项目中含有多个单位工程且开工时间不同，则每个单位工程都应填报一次。

二、工程复工报审表

对停止施工的工程，在工程暂停因素消除后，施工单位应填报工程复工报审表，总监理工程师核查后签署审批意见。

若工程暂停是由于非施工单位的原因引起的，应说明引起停工的因素已经消除，具备复工条件，总监理工程师只需审查确认这些因素已经消除，便可签发本表。

若工程暂停是由于施工单位的原因引起的，则应说明施工单位已对这些问题提出整改措施并进行整改，引起停工的原因已消除，总监理工程师应重点审查整改措施是否正确有效，确认承包单位在采取这些措施后不会再发生类似的问题，方可签发本表。

三、施工进度计划报审表

施工进度计划报审表是由施工单位根据已批准的施工总进度计划，按施工合同约定或监理工程师的要求而编制的施工进度计划，报送监理单位审查、确认和批准的资料。

施工单位提请施工进度计划报审表时，所提供的附件应齐全真实，对任何不符合附件要求的资料，施工单位不得提请报审，监理单位不得签发报审表。

若需调整进度计划，应在原计划已不适应实际情况，为确保进度控制目标的实现，需要制定新的计划目标的情况下，对原计划进行调整。

四、施工进度计划

施工进度计划是施工组织设计的中心内容，是建设工程按合同规定的期限交付使用的保证，施工中的其他工作必须围绕着并适应施工进度计划的要求安排。

施工进度计划由施工单位负责编制，经监理单位审核合格后实施，并应存档。

五、人、机、料动态表

施工单位应定期向监理单位上报工程施工所需的劳动力、机械设备、主要材料的使用情况，并填报人、机、料动态表，由监理单位进行核查。

除此之外，在主要施工设备进场调试合格后、开始使用前也应填写本表报监理单位。其安检资料及计量设备检定资料应作为本表的附件，由监理单位留存备案。

六、工程延期申请表

工程发生延期事件时，施工单位在合同约定的期限内，向项目监理部提交《工程延期报审表》，在项目监理部最终评估出延期天数并与建设单位协商一致后，由总监理工程师给予批复。

七、工程款支付申请表

工程款支付申请是施工单位根据施工合同中有关工程款支付约定的条款，向监理单位申请支付工程预付款、工程进度款的申请。

八、工程变更费用报审表

在施工过程中，会有因工程变更发生费用变化的情况，施工单位应就所发生的费用变更填报工程变更费用报审表，上报监理单位，总监理工程师应组织专业监理工程师对表中费用的计算进行审查。

九、费用索赔申请表

费用索赔申请表是施工单位向建设单位提出费用索赔的事项，报送监理单位审查、确认和批复的资料。

任务 5　施工物资资料（C4）

施工物资资料包括建筑材料、成品、半成品、构配件、器具、设备及构配件附件等的出厂质量证明文件，材料、构配件进场检验记录，试样委托单及试验报告，设备开箱检验记录等。

一、材料、构配件进场检验记录

施工单位应组织对拟进场的物资（原材料、构配件等）进行自检，并按相关规定进行抽样检测，确认合格后填写工程物资进场报验单，连同其出厂合格证、质量保证书、复试报告等一并报专业监理工程师进行质量认可。

（1）出厂质量证明文件（产品合格证、质量认证书、检验报告、产品生产许可证、特定产品核准证和进口材料、物资商检证、中文版质量证明、安装、使用、维修说明书）由供应单位提供。施工、监理单位有关人员应在质量证明文件背面"标注章"内签字确认。

（2）质量证明文件为复印件时应与原件内容一致，但必须加盖原件存放单位的公章，注明原件存放处，并由经办人签字和注明签字日期。如果质量证明为传真件，则应转换成为复印件再保存。

（3）凡使用的新材料、新产品、新设备均应具有产品质量标准、试验要求、签订证书及主要设备生产许可证，并提供安装维修、使用工艺标准等相关技术文件。并且在使用前进行试验和检验。

（4）主要物质进场时，施工、供应单位应（必要时应有监理、建设单位参加）共同对其品种、规格、数量、外观质量及出厂质量证明文件进行检验，填写《材料、构配件进场检验记录》（表 C4-01）。

（5）设备及附件进场时，建设、监理、施工和供应单位有关专业技术人员应共同开箱检验，填写《—设备开箱检验记录》（表 C4-02）。

（6）需做进场试验的建筑材料、构配件或对其质量有疑义时，应进行取样或见证取样，填写《试样委托单》（表 C4-03）送检测单位试验。

（7）施工物资进场施工单位自检合格后填写《工程物资进场报验表》（表 B2-02），报监理单位审核签字。

（8）质量证明文件幅面小于 A4 幅面纸时，将质量证明文件按其先后顺序粘贴在《—质量证明文件粘贴表》（表 C4-04）内。

二、设备开箱检验记录

该表用于设备到货后，由业主、供货商、施工单位、监理单位以及物资部门的代表共同进行开箱检验，对设备的名称、规格、数量以及完好情况进行外观检查，并做详细的记录。

三、设备及管道附件试验记录

设备、阀门、密闭水箱、风机盘管以及散热设备在安装前按规定进行试验时，均应填写设备及管道附件试验记录。

施工单位在填写该表时应一式三份，由建设单位、监理单位和施工单位各存一份。

任务 6　施工记录（C5）

施工记录是对重要工程项目或关键部位的施工方法、使用材料、构配件、操作人员、时间、施工情况等进行的记载，并经有关人员签字。

各参建单位之间，在对所施工工程相互交接时，应进行交接检查验收，填报《交接检查验收记录》（表 C5-01）。其记录的内容包括质量情况、遗留问题、工序问题、注意事项、成品保护等。

一、隐蔽工程验收记录

在施工过程中，上一道工序完成的工程部位即将被下一道工序掩盖，掩盖后难以检查其材料是否符合规定，施工是否规范，质量是否符合要求，只有经过破坏才能进行复查，这样的工程部位称为隐蔽工程。

所有隐蔽工程项目均应在隐蔽前进行检查并填写隐蔽工程验收记录。

二、施工检查记录

施工单位对工程项目重要施工环节和步骤进行自检时应填写施工检查记录。该记录主要包括检查依据、检查内容和检查结论。其中，应对检查内容作详细的描述，如施工内容、施工部位、使用材料或构配件、施工方法、作业时间以及施工情况等。

三、交接检查记录

不同施工单位进行工序衔接时，应进行交接检查并填写交接检查记录。

移交工程由移交单位、接收单位和见证单位共同进行交接检查验收，由三方签字确认并存档。如果工序交接发生在总包单位与分包单位之间，可以由监理单位做见证单位；如果工序交接发生在外部单位与施工单位之间，则由监理单位或建设单位做见证单位。

四、工程定位测量记录

工程定位测量是指在单位工程开工前，施工单位根据当地行政主管部门给定总图范围内的工程建筑物的位置和标高进行测量，以确保建筑物的位置和标高的正确。

施工单位应根据规划部门的坐标点、施工总平面图及设计要求，组织有工程测量放线经验的人员从事测量放线工作。在反复检查、核对无误后，填表报监理工程师审查。

施工测量记录是施工中用各种测量仪器和工具，对工程的位置、垂直度及沉降量等进行度量和测定所形成的记录。记录中应有测量依据和过程，并应进行复核检查，监理工程师及有关人员应查验签字。

安装抄测记录是用于各项构件、管道及设备安装时，对轴线、标高及坡度等进行测量控制的记录，施工单位完成抄测后，填写《安装抄测记录》（表 C5-01），并填报《施工测量放线报验表》（表 B2-01），报监理单位审核签字。（提示：工程定位测量放线，是指施工单位根据建设单位提供的放线成果，红线桩及建筑物控制网、设计总平面图及水准点，对工程进行的准确测量定位）。

五、基槽验线记录

施工单位应根据工程技术人员的书面技术交底，由工程测量定位桩测放出基槽上口开挖线或护坡桩位置线。在开挖过程中，测量员必须对轴线、断面尺寸、高程、坡度、基槽下口线、人工清底厚度、槽底工作面宽度等进行实时监控。基槽验线就是对基槽的尺寸进行复核，检验基坑尺寸是否符合图纸要求。

施工单位填写基槽验线记录并经相关人员签字后，报请监理验线。

六、楼层平面放线记录

施工单位依据施工图纸，将楼层的轴线、门窗洞口的位置线、框架柱或剪力墙的边线及控制线等测放在楼板上称为楼层平面放线。

施工单位应将放线结果填入楼层平面放线记录中，报监理单位验核，由专业监理工程师签字确认后存档。

七、建筑物垂直度、标高观测记录

建筑物每层主体结构浇筑完成后，施工单位应对建筑物的垂直度、标高进行检测，根据测量数据限制每个自然层高的偏差，从而限制建筑物总高的偏差。

施工单位对建筑物垂直度及标高进行检测，并写入建筑物垂直度、标高观测记录中，经监理单位报验并存档。

八、地基验槽记录

地基土是建筑物的基石，认真地进行地基验槽，及时发现并慎重处理好地基施工中出现的问题，是保证地基土符合设计要求的一项重要措施。

地基验槽的内容主要有：土质情况、标高、槽宽、放坡情况，地基处理情况应附有洽商记录。如验槽中出现问题，必须按处理意见及工程洽商对地基进行处理。处理后对地基进行复验，复试合格后再进行工程签证。

九、地下工程防水效果检查记录

地下防水工程应按设计规定的防水等级，制定防水施工技术方案，进行防水施工及质量控制，防水施工完成后，应进行防水效果检查，以确保防水工程的安全及使用功能。

施工单位应填写地下工程防水效果检查记录，报监理单位审核，经专业监理工程师签字认可后，与背水内表面结构工程展开图一并存档。

十、防水工程试水检查记录

屋面工程完工后，应对细部构造、接缝处和保护层进行雨期观察或淋水、蓄水检查。

施工单位负责填写防水工程试水检查记录，报送监理单位审核，经专业监理工程师签字确认后存档。防水工程试水检查记录应符合《建筑地面工程施工质量验收规范》和《屋面工程施工质量验收规范》等国家标准的相关规定。

十一、通风（烟）道、垃圾道检查记录

因涉及使用功能和安全，施工单位应对建筑物中所有通风（烟）道进行安装，并进行通（抽）风、漏风、串风试验，对垃圾道进行畅通情况检查。

施工单位填写的通风（烟）道、垃圾道检查记录应报监理单位审核，经专业监理工程师签字确认后存档。

任务 7　施工试验记录及检测报告（C6）

一、设备单机试运转记录

施工单位填写的设备单位试运转记录应符合现行的《建筑给水排水及采暖工程施工质量验收规范》GB 50242—2002、《通风与空调工程施工质量验收规范》GB 50243—2016、《建筑节能工程施工质量验收规范》GB 50411—2007 等国家标准的相关规定。

设备单位试运转记录应一式四份，由建设单位、监理单位、施工单位、城建档案馆各保存一份。

二、系统试运转调试记录

施工单位填写的系统试运转调试记录应符合现行的《建筑给水排水及采暖工程施工质量验收规范》GB 50242—2002、《通风与空调工程施工质量验收规范》GB 50243—2016、《建筑节能工程施工质量验收规范》GB 50411—2007 等国家标准的相关规定。

系统试运转调试记录应一式四份，由建设单位、监理单位、施工单位、城建档案馆各保存一份。

三、接地电阻测试记录

施工单位填写的接地电阻测试记录应符合现行的《建筑电气工程施工质量验收规范》GB 50303—2015、《智能建筑工程质量验收规范》GB 50339—2013、《电梯工程施工质量验收规范》GB 50310—2002 等国家标准的相关规定。

接地电阻测试记录应一式四份，由建设单位、监理单位、施工单位、城建档案馆各保存一份。

四、绝缘电阻测试记录

施工单位填写的绝缘电阻测试记录应符合现行的《建筑电气工程施工质量验收规范》GB 50303—2015、《智能建筑工程质量验收规范》GB 50339—2013、《电梯工程施工质量验收规范》GB 50310—2002 等国家标准的相关规定。

绝缘电阻测试记录应一式四份，由建设单位、监理单位、施工单位、城建档案馆各保存一份。

五、砌筑砂浆试块强度统计、评定记录

砌筑砂浆试块强度统计、评定记录是对单位工程砌筑砂浆强度进行综合核查的评定用表。它既是砌筑砂浆抗压强度试验报告的汇总表，也是单位工程评定砌筑砂浆强度是否符合设计要求的核查记录。

砌筑砂浆抗压强度试验报告应全部汇总，不得遗漏。汇总时，应按工程进度（即时间顺序）进行统计汇总。对于不同设计强度等级，不同部位，不同种类砂浆，应分别汇总、评定。

六、混凝土试块强度统计、评定记录

混凝土试块强度统计、评定记录是对单位工程混凝土强度进行综合核查的评定表。它既是混凝土抗压强度试验报告的汇总表，也是单位工程评定混凝土强度是否符合设计要求的核查记录。

混凝土抗压强度试验报告要全部汇总，不得遗漏。汇总时，应按工程进度进行统计汇总。

七、结构实体混凝土强度检验记录

施工单位应对涉及混凝土结构安全的重要部位进行结构实体检验，其内容包括：混凝土强度、钢筋保护层，以及合同约定的其他项目。

对结构实体混凝土强度的检验，应以在混凝土浇筑地点制备并与结构实体同条件养护的试件强度为依据，如果同条件养护试件强度被判定为不合格，应委托具有相应资质等级的检测机构按国家有关标准进行检测。

八、结构实体钢筋保护层厚度检验记录

施工单位应在混凝土结构施工以前根据设计图纸的结构情况，制定结构实体钢筋保护层厚度检验方案。

钢筋保护层厚度检验的结构部位，应在监理单位、建设单位、施工单位等各方根据结构构件的重要性共同选定，即结构实体钢筋保护层厚度的检验必须实现见证取样检测。

检测单位必须出具钢筋保护层厚度检测报告，施工单位根据钢筋保护层厚度检测报告填写结构实体钢筋保护层厚度检验记录并存档。

任务 8　施工质量验收记录（C7）

建筑工程的检验批、分项工程、分部（子分部）工程施工质量验收按《辽宁省建筑工程施工质量验收标准》统一标准 DB 23/711～724—2003 规定执行。

一、检验批质量验收记录

检验批是施工过程中条件相同并有一定数量的材料、构配件或安装项目。检验批是工程验收的最小单位，是分项工程乃至整个建筑工程质量验收的基础。

检验批的主控项目包括重要原材料、成品、半成品、设备及附件的材质证明或检（试）验报告；结构强度、刚度等检验数据，工程质量性能检测。检验批的一般项目是指允许有一定的偏差或缺陷，以及一些无法定量的项目。

二、分项工程质量验收记录

分项工程验收是在检验批验收合格的基础上进行，没有实质性的验收内容，通常起归纳整理的作用。

分项工程验收由监理工程师组织项目专业技术负责人等相关人员进行。监理单位的专

业监理工程师或建设单位项目专业技术负责人应逐项审查，并注明验收和不验收的意见，同意验收则签字确认，否则应指出问题，明确处理意见和完成时间。

三、分部工程验收记录

分部工程质量验收是在分项工程质量进行检查验收后，对有关工程质量控制资料、安全及功能检验和抽样检测的结果的资料进行核查，以及对观感质量进行评价。

分部工程质量验收包括以下 4 个方面的内容：①分项工程验收；②质量控制资料的核查；③安全和功能检验（检测）报告的核查；④观感质量验收。

参与验收的工程建设责任单位的有关人员均应签字确认，并加盖公章。其中，勘察单位项目负责人可只签认地基基础分部工程；设计单位项目负责人可只签认地基基础分部、主体结构及重要安装分部工程。

四、建筑节能分部工程质量验收记录

建筑节能分部工程质量验收应在各检验批、各分项工程全部验收合格的基础上，有关质量责任主体确认建筑节能工程质量达到验收条件后进行。

建筑节能分部工程质量验收前，相关技术资料应齐全，设计文件和合同约定的节能工程全部施工完毕。质量验收合格后，相关技术资料应及时归档。

建筑节能分部工程验收应重点检查以下内容：①验收范围、施工完成工作量与施工图设计文件和合同约定是否相符；②实体质量、观感质量与施工图设计文件和施工验收规范是否相符；③住宅工程的节能指标与公示内容是否相符。

任务 9　竣工验收资料（C8）

包括工程概况、工程质量事故调查与报告、单位（子单位）工程施工质量验收资料及单位（子单位）工程施工总结等文件。

工程概况主要包括单位工程的一般情况、构造特征、机电系统及其他内容。

一、单位（子单位）工程竣工预验收报验表

工程完工后，施工单位应向监理单位提出对该工程项目进行验收的申请，同时提交单位工程竣工预验收报验表，总监理工程师组织专业监理工程师对施工单位申报的竣工验收资料进行审核后，组织项目监理人员根据有关规定与施工单位共同对工程进行检查验收，验收合格后，总监理工程师签署单位工程竣工预验收报验表，报告建设单位并编写工程质量评估报告。

二、单位（子单位）工程质量竣工验收记录

1. 单位（子单位）工程由建设单位负责人组织施工单位、设计单位、监理单位的项目负责人进行验收。

2. 验收记录（栏）由施工单位填写，验收结论（栏）由监理（建设）单位填写。综

合验收结论应对工程质量是否符合设计和规范要求及总体质量水平作出评价，综合验收结论由参加验收各方共同商定后，再由建设单位填写。

3. 单位（子单位）工程施工质量竣工验收

单位（子单位）工程完工，按《辽宁省建筑工程施工质量验收标准》统一标准 DB 23/711—2003 要求，施工单位自验收合格后，报监理单位进行工程预验收。监理单位预验收合格后，施工单位填写《单位（子单位）工程验收申请报告》（表 C9-04），报建设单位验收。

4. 单位（子单位）工程施工质量竣工验收

单位（子单位）工程施工总结是建筑工程施工的综合性或专题总结资料，由施工单位项目负责人编制，应有以下内容：

(1) 工程施工的过程及完成情况；

(2) 采用的施工方法和主要技术、管理、组织措施；

(3) 工程施工质量情况评价；

(4) 施工资料的收集、整理和归档情况；

(5) 主要建筑设备及系统的调试情况；

(6) 安全和功能情况；

(7) 新技术、新工艺、新材料、新产品的推广及应用情况；

(8) 经济效益和社会效益；

(9) 取得的经验教训。

三、单位（子单位）工程质量控制资料核查记录

工程质量控制资料核查应按项目分别进行。施工单位应先将资料分项目整理成册，每个项目按层次核查，并判断其能否满足规范要求。

四、单位（子单位）工程安全和功能检验资料核查及主要功能抽查记录

单位（子单位）工程安全和功能检验资料核查及主要功能抽查由施工单位检验合格，再交监理单位验收。由总监理工程师或建设单位项目负责人组织专业监理工程师核查、抽查，施工单位项目经理、技术负责人参加。

五、单位（子单位）工程观感质量检查记录

单位（子单位）工程观感质量检查评价，实际上是复查各分部（子分部）工程验收后到单位工程竣工时的质量变化，以及分部（子分部）工程验收时还没有进行的观感质量验收。由施工单位检验合格，交监理单位验收。

观感质量检查记录由总包单位项目经理和总监理工程师或建设单位项目负责人签字，并加盖印章。

任务 10　建筑工程不同专业施工资料的管理

下面将根据建筑工程中的不同专业，逐一叙述。

一、建筑与结构工程施工资料的管理

建筑与结构工程的内业资料包括地基基础、主体结构、装饰装修及屋面工程等四个分部工程资料的管理内容。对于这四个分部工程中单独组卷的子分部、分项工程，除应执行所在节要求外，还应满足相关要求。

二、混凝土工程

1. 施工物资资料

（1）混凝土

1）混凝土供应单位必须向施工单位提供《预拌混凝土出厂合格证》（表 C3-05）、《预拌混凝土运输交接记录》（表 C5-04）和《混凝土抗渗性能检测报告》（表 C7-21）

2）现场搅拌混凝土，应有使用原材料的质量证明文件、《混凝土配合比试验报告》（表 C7-16）、《混凝土开盘鉴定》（表 C5-05）、《混凝土抗压强度检测报告》（表 C7-17）和《混凝土抗渗性检测报告》（表 C7-21）。

（2）预制构件

1）相关规定

预制构件应有出厂合格证。其出厂合格证中的以下各项应填写齐全，不得有错填和漏填。如委托单位，工程名称，构件的名称、型号、数量及生产日期，合同证编号，合同编号，混凝土设计强度的等级、配合比编号、出厂强度，主筋的种类、规格、机械性能，结构性能，生产许可证等。

对于国家实行产品许可证的大型屋面板，预应力短（长）向圆孔板等，按着相关规定应有产品许可证编号。对于需要采取技术处理措施的，首先必须满足有关技术方面的要求，并且须经有关技术负责人和设计人批准签认，否则不得使用。

资料员应及时收集、整理和验收预制构件的出厂合格证，任何单位和个人不得涂改、伪造、损毁或抽撤预制构件的出厂合格证。如果预制构件的合格证是抄件（如复印件），则应注明原件的编号、存放单位、抄件的时间，并有抄件人、抄件单位的签字和盖章。

2）注意事项

预制混凝土构件出厂合格证应有生产厂家质检部门的盖章，并应有试验编号和生产日期，以便于和生产厂家的有关资料查证核实。使用单位应认真查看合格证中各个项目的数据是否符合规范相关规定。如果发现预制构件存在质量问题，又需要经过有关负责人和设计人批准签认后才去技术措施使用的，必须在合格证上明确标注使用的工程项目和具体部位。

与预制构件出厂合格证相关的施工资料还有施工组织设计、设计变更、洽商记录、技术交底、施工日志、施工试验记录、施工记录、隐检记录、预检记录、工程质量检验评定及竣工图等，因此预制构件的合格证不仅应与实际的预制构件相一致，还应与以上施工资料相一致。

（3）钢筋与型钢

钢筋、型钢及连接材料进场时应有出厂质量证明文件。钢筋采用机械连接接头施工时，技术提供单位应提供钢筋机械连接型式检验报告。钢筋与型钢应进行见证取样和送检，有《钢材物理性能试验报告》（表 C3-06-1）。对于加工过程中钢筋与型钢发生脆断、焊接性能不良、力学性能异常和进口钢材，应进行化学分析试验，有《钢材化学分析实验报告》（表 C3-06-2）。

1）相关规定

钢筋型钢及连接材料应有出厂质量合格证及实验报告单，并应按有关标准的规定抽取试样做机械性能分析。进场时应按炉罐（批）号及规格分批检验，核对标志及外观检查。其产品质量必须合格，应先试验后使用。产品的出厂合格证由其生产厂家质量检验部门提供给使用单位，用于证明其产品质量已达到各项规定指标。其主要内容包括：出厂日期、检验部门印章、合格证的编号、钢种、规格、数量、机械性能、化学成分等数据和结论。

钢筋和型钢的必试项目有物理必试项目和化学分析。其中物理必试项目包括拉力试验，如屈服强度、抗拉强度、伸长率；冷弯试验，如冷拔低碳钢丝为反复弯曲试验。化学分析主要是分析材料中的碳（C）、硫（S）、磷（P）、锰（Mn）、硅（Si）等的含量。

钢筋和型钢的试验报告单中的委托单位、工程名称及部位、委托试样和编号、试件种类、钢材种类、试验项目、试件代表数量、送样时间、试验委托人等，均由试验委托人填写。试验报告单中试验编号、各项试验的测算数据及结论、报告日期等均由检测单位的试验人员依据试验结果填写，试验人、计算人、审核人、负责人签字、试验章等必须齐全。试验报告单是判定某批材质合格与否的依据，是施工技术资料的重要组成部分，属保证项目，必须字迹清楚，项目齐全、真实准确无误。无未了项目，没检的项目一律填无或画上斜杠"/"，不得留有空白项。

使用单位应认真核查出厂合格证和试验报告单中的每项数据，看其是否能够达到规范规定的标准数值。无论是物理性能的试验还是化学性能的分析，如果一项不符合技术要求，都应取双倍试件进行复试或报有关人员处理，并将复试合格单或处理的结论附于此报告单的后面，一起进行存档。如果复试再有一项，则判定该验收批钢筋为不合格。对于不合格的材料，不得使用，并应作出相应的处理报告。对于需要采取一定技术处理措施后才能再使用的，应首先满足技术要求，并经有关技术负责人批准后，才能使用。

如果钢筋、型钢存在下列情况之一者必须做化学成分检验：如进口的钢筋或钢材、在加工过程中发生脆断或焊接性能不良或机械性能显著不正常的。对于有特殊用途要求的还应进行相应的专项试验。对于集中加工的钢筋、型钢及连接材料，应有由其加工单位出具的出厂证明、钢筋、型钢及连接材料的出厂合格证和钢筋、型钢及连接材料的试验单。另外，如果对材料的质量有疑义时，还必须按规范进行机械性能试验和化学成分检验，一切合格后才能使用。

资料员应及时收集、整理、核验钢筋、型钢及连接材料的出厂质量合格证和试验报告单。质量合格证和试验报告单应字迹清楚，项目齐全、准确、真实，不得漏填或填错，且无未了事项，并不得涂改、伪造、损毁或随意抽撤。如批量较大提供的出厂合格证又较少时，可做抄件（如复印件）备查，并应注明原件证号、存放单位、抄件时间，并且应有抄件人签字、抄件单位盖章。钢筋、型钢及连接材料质量合格证的备注栏内应由施工单位填明使用工程的名称、使用部位等。如果钢筋、型钢及连接材料是在某一家工厂集中加工的，还应将其出厂合格证及试验单一并交给使用单位。钢筋、型钢进场时，经外观检查合格后，由技术员、材料采购员、材料保管员分别在合格证上签字，注明使用工程部位后交资料员保管。钢筋、型钢及连接材料的出厂质量合格证、试验报告单均属于主要原材料、成品、半成品出厂质量证明和试（检）验报告资料中的内容，其各验收批合格证和试验报告单应按批组合，按时间先后顺序排列编号，并能对应一致，不得遗漏。

2）注意事项

钢筋、型钢及连接材料的材质证明必须要做到"双控"，即各验收批合格证和试验报告单二者缺一不可。而且材质的证明资料与实物应做到物证相符。其出厂质量合格证中必须有生产厂家质量检验部门盖章，试验报告单中必须有检验单位盖章。

使用单位在领取试验报告单之后，一定要认真核对报告单中的各项实测数值与规范规定的标准符合与否。试验报告单中应有试验编号，以便于与试验室的有关资料查证核实，并应有明确的结论，签字和盖章均应齐全。对于不合格的试验报告单，应附上双倍试件复试的合格试验报告单或处理报告，并且不合格的试验报告单不得抽撤或损坏。

与钢筋、型钢及连接材料出厂质量合格证或试验报告单相关的施工资料还有施工组织设计、技术交底、洽商记录、施工日志、焊接试验报告、隐检记录、现场预应力混凝土试验记录、现场预应力张拉施工记录、钢结构安装记录、质量验收记录、竣工图等，因此其合格证、试验报告单等不仅应与实际所用的工程、部位的实物相一致，还应与以上施工资料一一对应相符。

（4）水泥

水泥进场时应有出厂质量证明文件。出厂后 7 天内提供 28 天强度以外的各项指标，32 天内补报 28 天强度报告。水泥进场后应及时按规定见证取样和送检，有《水泥试验报告》（表 C3-07）。对水泥质量有疑义或水泥出厂超过三个月（快硬硅酸盐水泥超过一个月）时，应重新试验。

1）相关规定

水泥的出厂质量合格证应由生产厂家的质量部门提供给使用单位，作为证明其产品质量性能的依据，生产厂家应在水泥发出之日起 7 天内寄发给使用单位并在 32 天内补报 28 天强度。水泥的产品质量必须合格，应先试验后使用。使用时应有出厂质量合格证或试验单。使用单位应对其包装或散装仓号、品种、强度等级、出厂日期等进行认真的检查、核对、验收。对于有下列情况之一者，如进口水泥、出厂超过 3 个月或快硬硅酸盐水泥超过 1 个月、承重结构使用的水泥、使用部位对水泥有强度等级要求的，必须进行复试，并且混凝土应重新试配。

对于需要采取一定技术处理措施处理后继续使用的，首先应满足技术方面的要求，并需经过有关技术负责人签字批准后，方可使用。

水泥复试的主要项目有抗折强度与抗压强度、凝结时间、安定性等。常用水泥的必试项目有抗压强度与抗折强度、水泥安定性等、水泥初凝时间等。必要时的实验项目有细度、凝结时间等。

资料员应及时收集、整理和验收水泥出厂质量合格证、试验报告单等。水泥出厂质量合格证中应含有水泥的品种、强度等级、强度等级、出厂日期、强度（抗折和抗压）、安定性、试验编号等项内容和性能指标。其各项内容和性能指标应填写齐全，不得错漏。水泥的强度应以标养 28 天试件试验结果为准。其合格证备注栏内应由施工单位填明使用工程的名称、使用工程部位，并加盖水泥出厂印章。

如果水泥的批量较大，厂方提供合格证又较少时，可用抄件（如复印件）备查，且必须注明原件证号、原件存放单位、抄件日期，并有抄件人、抄件单位的签字和盖章。任何单位和个人不得伪造、涂改、损毁或抽撤水泥出厂质量合格证、试验报告单。

2) 注意事项

水泥出厂质量合格证应有生产厂家质量部门的盖章；其试验报告应有试验编号，以便与试验室的有关资料查证核实，并应有明确的结论，签字盖章齐全；生产厂家的水泥 28 天强度补报单不能缺少；使用单位必须认真查看水泥的有效期，对于过期的水泥，必须做复试，并须认真查看试验报告中各项实测数值是否符合规范中规定的标准数值；对于存在质量问题的水泥，根据试验报告的数据可降级使用，但必须经过有关技术负责人签字批准，且应注明使用工程的名称、使用的部位。如果是连续施工的工程，其相邻两次水泥试验的时间也不得超过其有效期。

与水泥出厂合格证和试验报告有关的施工资料还有施工组织设计、设计变更、洽商记录、技术交底、施工日志、混凝土及砂浆配合比申请通知单、混凝土及砂浆试件试压报告、试验编号等，因此水泥的合格证、试验报告不仅应与实际所用的工程、部位的水泥相符，还应与以上施工资料对应一致。

(5) 砂与碎（卵）石

砂碎（卵）石进场时应有出厂质量证明文件，并应按规定见证取样和送检，有《砂试验报告》（表 C3-08）、《碎（卵）石试验报告》（表 C3-09）。对碱—骨料有要求的工程或结构，供应单位还应提供砂、石的碱活性检验报告。

1) 相关规定

砂、碎（卵）石的产品质量必须合格，应先试验后使用，要有出厂质量合格证和试验单。使用前应按照品种、规格、产地、批量的不同进行取样试验。砂的必试项目有筛分析，含泥量，泥块含量。碎（卵）石的必试项目有筛分析、含泥量，泥块含量，针、片状颗粒含量，压碎指标。对于用来配制有特殊要求的混凝土的砂、碎（卵）石，还需做相应的项目试验。

有下列情况之一者的，如进口砂或碎（卵）石、无出厂证明的砂或碎（卵）石、对砂或碎（卵）石质量有怀疑的、用于承重结构的砂和碎（卵）石，必须进行复试，混凝土应重新试配。

不合格的砂、碎（卵）石不得使用。对于需要采取一定技术处理措施后再使用的，应首先满足技术方面的要求，并须经过有关技术负责人签字批准后，才可使用。

砂、碎（卵）石产品的出厂合格证由其生产厂家质量检验部门提供给使用单位，用以证明其产品质量已达到的各项规定指标。其主要内容包括：出厂日期、检验部门印章、合格证的编号、品种、规格、数量、颗粒级配、密度、含泥量等数据和结论。

资料员应及时收集、整理、核验砂、碎（卵）石的出厂质量合格证和试验报告单。其质量合格证和试验报告单应字迹清楚，项目齐全、准确、真实，不得漏填或填错，且无未了事项，并不得涂改、伪造、损毁或随意抽撤。如批量较大且提供的出厂合格证又较少时，可做抄件（如复印件）备查，并应注明原件证号、存放单位、抄件时间，并且应有抄件人签字、抄件单位盖章。砂、碎（卵）石质量合格证上备注栏内应由施工单位填明使用工程的名称、使用部位等。

2) 注意事项

砂、碎（卵）石的出厂质量合格证和试验报告单应与实物之间物证相符。其出厂质量合格证中必须有生产厂家质量检验部门盖章，试验报告单中必须有检测单位的相关人员签字、单位盖章。

使用单位一定要认真核对出厂质量合格证和试验报告单中各项实测数值与规范规定的标准符合与否。试验报告单中应有试验编号，以便于与试验室的有关资料查证核实。试验报告单中应有明确的结论，并且签字、盖章齐全。对于不合格的试验报告，应附上双倍试件复试的合格试验报告单或处理报告，并且不合格的试验报告单不得抽撤或毁坏。

与砂、碎（卵）石出厂质量合格证和试验报告单相关的施工资料还有施工组织设计、技术交底、洽商记录、施工日志、混凝土及砂浆配合比申请单及通知单、混凝土及砂浆试块抗压强度报告等施工试验资料、隐检记录、质量验收记录、竣工图等，因此其合格证、试验报告单等不仅应与实际所用的工程、部位相一致，还应与以上施工资料一一对应相符。

（6）外加剂

外加剂主要包括减水剂、早强剂、泵送剂、防水剂、膨胀剂、引气剂、速凝剂和砌筑砂浆增塑剂等。在其进场时应有出厂质量证明文件，并应按规定见证取样和送检，有《_____试验报告》（表 C3-10-1～C3-10-10）。

1）有关规定

外加剂的产品质量必须合格，并应先试验后使用，要有出厂质量合格证和试验报告单。合格证的内容包括厂家名称、产品名称、产品特性、主要成分与含量、适用范围、适宜掺量、使用方法与说明、注意事项、匀质性指标、掺外加剂混凝土性能指标、包装、质量、储存条件、出厂日期、有效期等。

对于不同的外加剂其对应的试验项目也不同，一般有减水率、坍落度、含气量、泌水率、凝结时间、抗压强度、钢筋锈蚀、相对耐久性指标等。其试验报告的内容中的委托单位、委托人、工程名称、用途、样品名称、产地及厂家、试样收到的日期、要求试验的项目，均由试验委托人填写，其余部分均由试验人员依据试验测算结果填写，并签字和盖章。对于需要采取一定技术处理措施之后才能使用的外加剂，应首先考虑满足技术方面的要求，并须经过有关技术负责人签字批准后，才可使用。

资料员应及时收集、整理和核查外加剂的出厂质量合格证、试验报告单等，查看其各项内容和性能指标是否填写齐全，不得错填和漏填，字迹应该清晰，项目齐全、真实、准确，并无未了事项。如果外加剂的批量较大，厂方提供合格证又较少时，可用抄件（如复印件）备查，但必须注明原件证号、原件存放单位、抄件日期，并有抄件人、抄件单位的签字和盖章。任何单位和个人不得伪造、涂改、损毁或抽撤。对于有产品防伪认证标志的外加剂，还应在确认其产品与出厂质量合格证与实物相符合之后，摘取一份防伪认证标志，贴在产品出厂质量合格证上，一并存档。

2）注意事项

使用单位应该认真查看外加剂的试验报告单及出厂质量合格证，查看其要求的试验项目是否试验齐全，试验的编号、签字、盖章齐全与否，实测数值是否符合规范和设计的技术要求，结论是否明确。对于不符合要求的项目，应及时进行复试或报有关工程技术负责人进行处理。对于不合格的试验报告单不得抽撤或毁坏，并应附上复试的合格试验报告单或处理报告一并存档。

外加剂应在其产品有效期内使用，且使用前应进行性能方面的试验。与其出厂质量合格证和试验报告单有关的施工技术资料还有施工组织设计、技术交底、洽商记录、施工日志、混凝土或砌筑砂浆的配合比申请单和通知单、试件试压报告单、施工记录、预检记录、隐检记录、质量评定等。因此其出厂质量合格证和试验报告单不仅应与实际所用的工程、部位相一致，还应与以上施工资料一一对应相符。

（7）掺合料

1）掺合料主要包括粉煤灰、粒化高炉矿渣粉、沸石粉、硅灰和复合掺合料等。

2）掺合料进场时应有由厂质量证明文件，并应按规定见证取样和送检，有《掺合料试验报告》（表 C3-11）。

（8）轻骨料

轻骨料进场时应有出厂质量证明文件，并应按规定见证取样和送检，有《轻骨料试验报告》（表 C3-12）。

（9）砖与砌块

1）相关规定

砖与砌块的产品质量必须合格，应先试验后使用，要有出厂质量合格证和试验报告单。使用前应按照品种、规格、产地、批量的不同进行取样试验。砖的必试项目为抗压强度。如试验的结果不合格，则应取双倍试样进行复试。如不合格，则判定该验收批为不合格。

有下列情况之一者，如对其材质有怀疑的、用于承重结构的，应进行复试。对于不合格的材料，不得使用，并应做出相应的处理报告。对于需要采取一定技术处理措施后才能再使用的砖或砌块，应首先满足技术要求，并经有技术负责人批准后，才能使用。

资料员应及时收集、整理、核验砖和砌块的出厂质量合格证和试验报告单。其质量合格证和试验报告单应字迹清楚、项目齐全、准确、真实，不得漏填或填错，且无未了事项，并不得涂改、伪造、损毁或随意抽撤。如批量较大且提供的出厂合格证又较少时，可做抄件（如复印件）备查，并应注明原件证号、存放单位、抄件时间，并且应有抄件人签字、抄件单位盖章。

2）注意事项

砖、砌块的出厂质量合格证和试验报告单应与实物之间物证相符。其出厂质量合格证中必须有生产厂家质量检验部门盖章，试验报告单中应有检测单位的相关人员签字、单位盖章。

试验报告单中应有试验编号，以便于与试验室的有关资料查证核实，并应有明确的结论，签字、盖章齐全。对于不合格的试验报告单，应附上双倍试件复试的合格试验报告单或处理报告，并且不合格的试验报告单不得抽撤或毁坏。

使用单位一定要认真核对砖、砌块的试验报告单中各项实测数值与规范和设计中技术要求符合与否。与砖、砌块出厂质量合格证和试验报告单相关的施工资料还有施工组织设计、技术交底、洽商记录、施工日志、隐检记录、质量验收记录、竣工图等，因此其合格证、试验报告单等不仅应与实际所用的工程、部位相一致，还应与以上施工资料一一对应相符。

（10）木结构工程物资

木结构工程物资主要包括方木、原木、胶合木、胶粘剂、钢连接件、层板、胶合木构件等。进场时应有出厂质量证明文件，并应进行见证取样和送检，有相应试验报告。

（11）建筑节能物资

1）建筑节能物资包括建筑砌块、板材、节能门窗、建筑密封胶、粘结苯板专用胶、耐碱玻璃纤维网格布、锚钉、绝热用模塑聚苯乙烯泡沫塑料（EPS）、绝热用挤塑聚苯泡沫塑料（XPS）及胶粉 EPS 颗粒浆料等。

2）建筑节能产品进场时应有出厂质量证明文件，并应按规定见证取样和送检，有试验报告（表 C3-15～C3-19）。

（12）装饰装修物资

1）装饰装修物资主要包括抹灰材料、地面材料、门窗材料、吊顶材料、轻质隔墙材料、饰面板（砖）、石材、涂料、裱糊与软包材料和细部工程材料等。

2）主要装饰装修物资进场时应有出厂质量证明文件，并应进行见证取样和送检，有相应试验报告。

3）建筑外窗应有力学、物理和保温性能试验报告（表 C3-20-1～C3-20-3）。

4）有隔声、隔热、防火阻燃、防水防潮和防腐等特殊要求的物资应有相应的性能试验报告。

5）需做污染物检测的材料，应有污染物含量试验报告（表 C3-27）。室内装饰装修用花岗岩石材应有放射性试验报告，人造木板及饰面人造板应有甲醛含量试验报告。

6）当规范和合同有要求，或对材料质量产生疑义，并应有相应试验报告。

（13）防水材料

防水材料主要包括防水涂料、防水卷材、胶粘剂、止水带、膨胀胶条、密封膏、密封胶、水泥基渗透结晶型防水材料等。其进场时应有出厂质量证明文件，并应按规定见证取样和送检，有《防水涂料试验报告》（表 C3-25）、《防水卷材试验报告》（表 C3-26）。

1）相关规定

防水材料的产品质量必须合格，应先试验后使用，要有出厂质量合格证和试验单。如油毡应有出厂质量合格证，其内容主要包括品种、标号等各项技术指标，并应进行抽样检验，检验内容为不透水性、拉力、柔度和耐热度等。沥青在使用前应进行试验，试验的内容为针入度、软化点和延度等。在配制玛琋脂或直接使用普通石油沥青时，均应按照规范要求进行耐热度、粘结力、柔韧性等三性试验。配制玛琋脂或两种不同标号沥青混用时，还应有试配单。其他防水材料也必须有出厂质量合格证和进场复试报告单。

石油沥青的必试项目有软化点、针入度、延度。卷材的必试项目有拉力试验、耐热度试验、不透水性试验、柔度试验等。不合格的防水材料不得使用。对于需要采取一定技术处理措施后方允许使用的，应首先满足技术方面的要求，并须经过有关技术负责人签字批准后，才可使用。

防水材料产品的出厂合格证由其生产厂家质量检验部门提供给使用单位，用以证明其产品质量已达到各项规定指标。其主要内容包括出厂日期、检验部门印章、合格证的编号、品种、规格、数量、各项技术指标、包装、标识、重量、面积、产品的外观、物理性能等。

资料员应及时收集、整理、核验防水材料的出厂质量合格证和试验报告单。其质量合格证和试验报告单均应字迹清楚、项目齐全、真实、准确，不得漏填或填错，且无未了事项，并不得涂改、伪造、损坏或随意抽撤。如批量较大且提供的出厂合格证又较少时，可做抄件（如复印件）备查，并应注明原件证号、存放单位、抄件时间，并且应有抄件人签字、抄件单位盖章。对于有产品防伪认证标志的防水材料，还应在确认其产品与出厂质量合格证物证相符合之后，摘取一份防伪认证标志，贴在产品出厂质量合格证上，一并存档。

2）注意事项

防水材料的材质证明必须做到"双控"，即各验收批的出厂质量合格证和试验报告单二者缺一不可，而且材质的证明资料与实物应做到物证相符。其出厂质量合格证中必须有生产厂家质量检验部门的盖章，试验报告单中应有试验单位的相关人员签字和单位盖章。防水材料的试验报告单应有试验编号，以便于与试验的有关资料查证核实，材质证明应有明确结论，并且签字和盖章均应齐全。

使用单位一定要核验防水材料试验报告单中的各项实测数值，看其是否符合规范和设计的技术要求。对于不合格的试验报告单，不允许抽撤或销毁，应附在双倍试件复试合格试验报告单或处理报告，一并存档。

与防水材料出厂质量合格证和试验报告单相关的施工资料还有施工组织设计、技术交底、洽商记录、施工日志、隐检记录、质量验收记录、竣工图等，因此其合格证、试验报告单等不仅应与实际所用的工程、部位相一致，还应与以上施工资料一一对应相符。

2. 施工测量记录

（1）工程定位测量

依据规划部门提供的红线桩、放线成果及总平面图（场地控制网），测定建筑物位置、主控轴线及尺寸、建筑物的±0.000高程，填写《工程定位测量记录》（表 C4-02），填报《施工测量放线报验表》（表 B2-01），报监理单位审核签字后，由建设单位报规划部门验线。

（2）基槽（孔）验线

通常把对建筑工程项目的基槽（孔）轴线、放坡边线等几何尺寸进行复验的工作叫做基槽（孔）验线。它是依据主控轴线和基础平面图，主要检验建筑物基底外轮廓线、集水坑、电梯井坑、基槽（孔）断面尺寸、坡度等，看其是否符合设计要求。填写《基槽（孔）验线记录》（表 C4-03），填报《施工测量放线报验表》（表 B2-01），报监理单位审核签字。

（3）楼层平面放线

楼层平面放线内容主要有轴线控制线、各层墙柱轴线与边线、门窗洞口位置线及平面尺寸线等。施工单位完成楼层平面放线后，应填写《楼层平面放线记录》（表 C4-04），填报《施工测量放线报验表》（表 B2-01），报监理单位审核签字。

（4）楼层标高抄测

楼层标高抄测内容包括楼层+0.5m（或+1.0m）水平控制线、楼地面、顶棚与门窗口标高等。施工单位完成楼层标高抄测后，填写《楼层标高抄测记录》（表 C4-05）；填报《施工测量放线报验表》（表 B2-01），报监理单位审核签字。

（5）建筑物垂直度、标高、全高测量

施工单位在结构工程施工和工程竣工时，选定测量点及测量次数，对建筑物垂直度和全高进行实测，填写《建筑物垂直度、标高、全高测量记录》（表 C4-06），填报《施工测量放线报验表》（表 B2-01），报监理单位审核签字。

(6) 建筑物沉降观测测量

1) 凡需要沉降观测的工程，由施工单位负责施工过程中的沉降观测工作，填写《建筑物沉降观测测量记录》(表 C4-07)，填报《施工测量放线报验表》(表 B2-01)，报监理单位审核签字。重要、大型工程应由建设单位委托有资质的测量单位进行沉降观测。

2) 施工单位按监理工程师批准的观测方案，设置沉降观测点、绘制沉降观测点布置图，随同工程形象 (载荷阶段) 进行测量和记录。沉降观测工作结束后应提供沉降观测成果表、沉降观测点分布图及周期沉降展开图、t-s (沉降速度、时间、沉降量) 曲线图或 p-t-s (荷载、时间、沉降量、曲线图) 和沉降观测分析报告。

3. 施工记录

(1) 地基验槽 (孔)

所有建 (构) 筑物必须进行地基基槽 (孔) 验收，内容包括基坑 (孔) 位置、平面尺寸、持力层核查、基底绝对高程和相对标高、基底土质、地下水位以及有无坑、穴、洞、古墓、人防等。填写 (地基验槽 (孔) 记录) (表 C5-02)，由建设、勘察、设计、监理、施工单位共同验收签字。

地基验槽 (孔) 的目的是检查地基的土质与勘探报告的土质是否一致，标高和设计图纸的要求是否一致，以满足地耐力的要求，保证建筑物的结构安全。

验槽时应根据工程地质勘察报告、设计要求及钎探记录、地基处理记录、基槽复验记录、地基处理情况的洽商说明等资料，对地基进行实地检查。应注意查看基槽的几何尺寸 (如标高、槽宽、放坡情况) 是否符合设计要求，基底是否挖至设计要求的原土层，基底土质颜色是否均匀一致，且坚硬程度一样，注意含水量是否出现异常现象，地基有无局部软硬不均的地方，有无坑、穴、洞、古墓、人防等。

(2) 地基处理

施工单位应依据设计单位出具的处理方案进行地基处理，填写《地基处理记录》(表 C5-03)，报勘察、设计、监理 (建设) 单位检查验收。

地基处理方案一般是经验槽后，确实需要进行地基处理时，先由勘察设计单位提出处理方案，施工单位记录并写成的书面处理方案。在地基处理方案中应写明工程名称、验槽时间及钎探记录分析等，并应详细说明实际的地基情况与地质勘察报告是否相符，注明需要处理的准确部位，写明需要处理的实际情况，以及处理的具体方式方法及质量要求，再由勘探单位和设计单位的代表签字盖章确认，最后再将该地基处理方案上报当地建筑工程质量监督部门检查，并签字盖章确认。

(3) 预拌混凝土运输交接

预拌混凝土供应单位应随车向施工单位提供《预拌混凝土运输交接记录》(表 C5-04)。冬期施工时应测量现场出罐温度。

(4) 混凝土开盘鉴定

1) 预拌混凝土，应对首次使用的混凝土配合比在混凝土出厂前，由混凝土供应单位进行开盘鉴定并保存相应资料。

2) 现场搅拌混凝土首次使用配合比时，由施工单位、监理单位、搅拌机组、混凝土试配单位进行开盘鉴定，共同认定《混凝土配合比试验报告》的组成材料是否与现场施工所用材料相符，以及混凝土拌合物性能是否满足设计要求和施工需要，填写《混凝土开盘鉴定》（表 C5-05）。鉴定结论由参加各方协商确定。

（5）混凝土工程施工

不论混凝土浇筑工程量大小，均应对混凝土施工情况进行全面真实记录。混凝土施工过程中，施工单位邀请监理单位见证，每工作台班（且不超过 $50m^3$）至少检测一次，填写《混凝土工程施工记录》（表 C5-06）。冬期施工时，还应符合冬期施工有关规定。

（6）混凝土拆模申请批准单

在拆除现浇混凝土结构板、梁、悬臂构件等底模和柱墙侧模前，填写《混凝土拆模申请批准单》（表 C5-07）并附同条件混凝土强度报告，报项目技术负责人审批，然后按批准日期拆模。

（7）混凝土养护测温

1）混凝土冬期施工时，应进行养护测温，填写《混凝土养护测温记录》（表 C5-08）。

2）混凝土冬期施工养护测温应附测温点布置图，包括测温点的部位、深度等。

（8）大体积混凝土养护测温

1）大体积混凝土施工应进行测温，填写《大体积混凝土养护测温记录》（表 C5-09），当实测结果不满足温控指标的要求时，应调整保温养护措施。

2）大体积混凝土养护测温应附测温点布置图和温度曲线分析图。

（9）混凝土结构同条件养护试件测温

混凝土结构同条件养护试件应进行测温，填写《混凝土结构同条件养护试件测温记录》（表 C5-10）。同条件试件养护试件应在达到等效养护龄期时进行强度试验。

（10）构件安装

预制混凝土构件、大型木构件安装填写《_____构件安装记录》（表 C5-11），报监理单位审核签字。

（11）焊接材料烘焙

按规定需烘焙的焊接材料应进行烘焙，填写《焊接材料烘焙记录》（表 C5-12）。

（12）木结构施工记录

1）木结构工程应有制作、防腐、防火处理、安装等施工记录，由专业施工单位提供施工记录。

2）仿古建筑木结构工程施工记录应由专业施工单位负责提供，并单独组卷。

（13）涂料施工

涂料工程施工填写《涂料施工记录》（表 C5-13）。

4. 隐蔽工程检查验收

建筑与结构工程隐蔽检查的项目在隐蔽前进行检查验收，填写《_____隐蔽工程检查验收记录》（表 C6-01），报监理单位审核签认。

5. 施工检测资料

（1）锚固抗拔承载力检测

用于建筑工程结构上的预埋件、后置埋件、植筋等涉及结构安全与使用功能的工程项目，应由试验单位出具《锚固抗拔承载力检测报告》（表 C7-06）。

（2）地基载荷试验

当设计要求或经过处理的地基需要进行地基承载力检测时，应由试验单位出具《地基平板载荷试验报告》（表 C7-07），并绘制检测平面示意图。

（3）回填土

1）回填土方应测定土的最大干密度和最优含水率，确定最小干密度控制值，由试验单位出具《土工击实试验报告》（表 C7-08）。

2）按要求绘制回填土取样点平面示意图，分段、分层取样做密度检测，有《回填土密度检测报告》（表 C7-09）。

（4）钢筋焊接接头、机械连接接头应按焊（连）接类型和验收批进行现场取样检测，由试验单位出具检测报告（表 C7-10～C7-11）。

（5）砌筑砂浆

1）有实验室出具的《砂浆配合比试验报告》（表 C7-12）。

2）有按规定留置的龄期为 28 天标养试件，按规定实行见证取样和送检，由试验单位出具《砂浆抗压强度检测报告》（表 C7-13）。

3）结构有不合格批砂浆，或未按规定留置试件的，应有结构处理的相关资料；需要检测的，由检测机构出具《贯入法砌筑砂浆强度检测报告》（表 C7-14）。

4）具备条件的工程应有《砌筑砂浆试块抗压强度统计、评定记录》（表 C7-15）。

（6）混凝土

1）现场搅拌混凝土、预拌混凝土应有试验出具的《混凝土配合比试验报告》（表 C7-16）。

2）按规定留置龄期为 28 天标养试件和同条件养护试件，按规定实行见证取样和送检，由检测单位出具《混凝土抗压强度检测报告》（表 C7-17）。冬期施工还应有受冻临界强度和负温转入常温 28 天同条件试件的抗压强度检测报告。

3）具备条件的工程应有《混凝土试块抗压强度统计、评定记录》（表 C7-18）。

4）结构如有不合格批混凝土，或未按规定留置试块的，应有结构处理的相关资料；需要检测的，应有《回弹法混凝土强度检测报告》（表 C7-19）或《取芯法混凝土强度检测报告》（表 C7-20）。

5）抗渗混凝土应有《混凝土抗渗性能检测报告》（表 C7-21）。

6）有特殊性能要求的混凝土，应有专业试验检测资料。

（7）混凝土结构实体检验

1）涉及混凝土结构安全的重要部位应进行结构实体检验，并实行见证取样或确定检测部位，填写《混凝土、砂浆委托单》（表 C7-02）和《钢筋保护层厚度检测委托单》（表 C7-23），委托检测机构检测。结构实体检验的内容包括结构同条件养护试件的《混凝土抗压强度检测报告》（表 C7-17）、《结构同条件养护混凝土试件强度验收记录》（表 C7-22）和《钢筋保护层厚度检测报告》（表 C7-24）。

2）结构实体检测资料由施工单位汇总审核后，再报监理单位审查签字。

（8）建筑装饰装修工程

1）地面回填土应有《回填土密度检测报告》（表 C7-09）。

2）装饰装修工程使用的砂浆和混凝土应有配合比试验报告和强度检测报告，有抗渗要求的还应有抗渗性能检测报告。

3）外墙饰面砖粘贴前，应在相同基层上做样板件，并对样板件的饰面砖粘结强度进行检测，有《饰面砖粘结力检测报告》（表 C7-25），检验方法和结果判定应符合相关标准规定。

（9）木结构工程

1）胶合木结构工程的层板胶缝应有《木结构胶缝检测报告》（表 C7-26）。

2）木构件防护剂应有保持量和透入度检测报告。

（10）地下工程防水效果检验

地下工程验收时，应对地下工程有无渗漏现象进行检查，填写《地下工程防水效果检验记录》（表 C7-27）。

（11）防水工程淋（蓄）水检验

游泳池、消防水池灯蓄水工程、屋面工程和有防水要求的地面工程应进行淋（蓄）水检验，填写《防水工程淋（蓄）水检验记录》（表 C7-28）。

（12）建筑通风（烟）道检查

建筑通风（烟）道应全数做通（抽）等和漏风、串风等检查试验，并填写《通风（烟）道检查记录》（表 C7-29）。

（13）墙体内表面潮湿、结露（霜）及霉变检验

建筑工程完工时，应检查外墙体内表面是否有潮湿、结露（霜）及霉变等现象，填写《施工检测记录》（表 C7-03）。

（14）墙体保温性能检测

建筑工程完工后，应对外墙进行保温性能检测，由检测机构出具《墙体传热系数检测报告》（表 C7-30）。

（15）室内环境污染物检测

1）民用建筑工程应按照现行国家规范要求，工程交付使用前对室内环境进行质量验收。

2）由建设单位填写《室内环境污染物检测委托单》（表 C7-31），应委托检测机构进行检测，有《室内环境污染物检测报告》（表 C7-32）。

6. 可能进行单独组卷的子分部（分项）工程

（1）基坑工程

1）施工方案应有专家论证、审查文件。

2）支护结构、降水与排水等施工记录由专业施工单位提供。

3）隐蔽工程检查验收

A. 基坑工程施工过程中应进行隐蔽检查的项目在隐蔽前检查验收，填写《____隐蔽工程检查验收记录》（表 C6-01），报监理单位审核签字。

B. 基坑工程隐蔽工程检查验收内容包括锚杆与土钉的品种、规格数量、埋入长度、钻孔直径和角度等，地下连续墙的成槽宽度、深度、垂直度、钢筋笼规格与位置、槽底清理与沉渣厚度等。

4）施工检测资料

A. 基坑支护工程施工检测

（A）基坑支护工程用锚杆、土钉应按设计要求进行现场锁定力（抗拔力）抽样检测，由检测机构出具《锚固抗拔承载力检测报告》（表 C7-06）。

（B）在基坑开挖和支护结构工作期间，应对支护结构变形进行监测，填写《基坑支护变形监测记录》（表 C7-33），并附基坑（观测点）平面示意图。

B. 基坑工程的其他施工检测应按有关规定进行。

（2）桩基工程

1）桩孔验收

依据主控轴线和基础平面图，检验桩孔尺寸与位置，填写《基坑（孔）验收记录》（表 C4-03），填报《施工测量放线报验表》（表 B2-01），报监理单位审核签字。

2）施工记录

桩基工程施工填写《桩施工记录》（表 C5-14～C5-19）。

3）隐蔽工程检查验收

A. 隐蔽工程施工过程中应进行隐蔽检查的项目在隐蔽前检查验收，填写《＿＿＿＿＿＿隐蔽工程检查验收记录》（表 C6-01），报监理单位审核签字。

B. 桩基工程隐蔽工程检查验收内容包括桩混凝土、钢筋笼规格与尺寸及材料试验报告、预制桩连接与混凝土强度、桩头处理的位置偏差、桩截面尺寸、桩顶标高及防水处理等。

4）施工检测

A. 桩基必须进行承载力和桩身完整性检测，由检测（单位）出具《基坑检测报告》（表 C7-34）。

B. 桩基工程其他检测项目应按有关规定进行。

C. 施工检测项目应按有关规定进行。

三、预应力工程

（1）施工物资资料

1）预应力工程物资资料主要包括预应力筋、锚（夹）具和连接、水泥、外加剂和预应力筋孔道用螺旋管等出厂质量证明文件。

2）预应力筋、锚（夹）具、连接器、孔道灌浆用水泥及外加剂等应按照规定见证取样和送检，有试验报告。施工物资资料试验用表 C3-28～C3-29。

（2）施工记录

1）预应力筋张拉前应检查固定、张拉端质量情况及顺序编号等，填写《预应力筋固定、张拉端施工记录》（表 C5-20）。

2）预应力筋张拉时应记录张拉顺序（示意图）、张拉力、伸长值等、并按规定见证张拉，填写《预应力筋张拉记录》（表 C5-21）。

3）预应力筋张拉完毕后应及时进行封锚处理与检查，填写《预应力筋张拉记录》（表 C5-22）。

4）后张法有粘结预应力筋张拉后应及时灌浆，填写《有粘结预应力孔道灌浆记录》（表 C5-23）。

（3）隐蔽工程检查验收

1）预应力工程应进行隐蔽检查的项目在隐蔽前检查验收，填写《＿＿＿＿＿＿隐蔽工程检查验收记录》（表 C6-01）。

2）预应力工程隐蔽工程检查验收内容包括预留孔道的规格、数量、位置、形状、端部预埋垫板，预应力筋锚（夹）具、连接器等的规格、数量、编号、质量证明文件与试验报告，预应力筋下料长度、切断方法、安装位置偏差、固定、护套的完整性等。

（4）预应力工程施工检测

有粘结预应力筋孔道灌注的水泥浆应参照砂浆要求留置试块，出具抗压强度报告，即《砂浆抗压强度检测报告》表 C7-13。

四、钢结构工程

（1）施工物资资料

1）钢结构工程物资主要包括钢材、钢铸件、焊接材料、连接用紧固件及配件、防火防腐涂料、焊接（螺栓）球、封板、锥头、套筒和金属压型板等。

2）主要物资应有出厂质量证明文件，包括出厂合格证、检验报告和中文标志等。

3）对属于下列情况之一的钢材，应进行见证取样，做钢材力学性能和化学分析试验（表 C3-30-1、表 C3-30-2）。

A 国外进口钢材；

B 钢材混批；

C 板厚等于或大于 40mm，且设计有 Z 项性能要求的厚板；

D 建筑结构安全等级一级，大跨度钢结构中主要受力构件所采用的钢材；

E 设计有试验要求的钢材；

F 对质量有疑义的钢材。

4）防腐防火涂料进场应进行试验并有实验报告（表 C3-31）。

5）重要钢结构所有的焊接材料需见证取样试验（表 C3-32）。

重要钢结构是指：①建筑结构安全等级为一级的一、二级焊缝；②建筑结构安全等级为二级的一级焊缝；③大跨度结构中一级焊缝；④重级工作制作吊车梁结构中的一级焊缝；⑤设计要求。

6）高强度大六角头螺栓连接副应有扭矩系数检验报告，扭剪型高强度螺栓连接副应有紧固轴力检验报告，并按规定做进场试验，并见证取样和送检（表 C3-33、表 C3-34）。

7）普通螺栓作为永久性连接螺栓时，以及设计有要求或对其质量有疑义时，进行螺栓实物最小拉力载荷试验（表 C3-35）。

（2）施工记录

1）焊材烘焙记录（表 C5-12）。

2）钢结构防腐（火）涂料施工记录内容包括基层表面处理方法、环境温度、相对湿度、涂刷方法、间隔时间、干燥方式等。填写《钢结构防腐（火）涂料施工记录》（表 C5-24）。

3）钢结构制作填写《钢结构制作记录》（表 C5-25），内容包括规格型号、数量、尺度等。

4）钢结构安装填写《钢结构制作记录》（表 C5-26），内容包括规格型号、数量、搭接长度、接头处理、固定方法、平面位置、标高、垂直度、水平度等。

5）钢结构焊接填写《钢结构焊接记录》（表 C5-27-1），内容包括母材、焊接材料、焊接工艺、构件编号、焊缝编号等，必要时应并用《焊接记录附图》（表 C5-27-2）。

6）保温、保护层施工填写《保温、保护层施工记录》（表 C5-28），内容包括底层质量、环境温度、材料名称、厚度、附属或固定材料、固定方式及接缝处理情况等。

（3）隐蔽工程检查验收记录

钢结构隐蔽工程检查验收地脚螺栓规格、位置、埋设方法、紧固，压型金属板在支承构件上搭接情况等，填写《隐蔽工程检查验收记录》（表 C6-01）。

（4）施工检测资料

1）钢结构工程焊接施工检测

设计要求全焊透的一、二级焊缝应进行内容缺陷检测，由检测单位出具超声波、射线探伤检测报告或磁粉探伤报告。《钢结构工程焊接检测报告封皮》（表 C7-35-1）、《检测报告首页》（表 C7-35-2）、《探测示意图》（表 C7-36-3）、《超声波检报告》（表 C7-36）、《焊缝 X 射线检测报告》（表 C7-37）《磁粉检测报告》（表 C7-38）。

2）建筑安全等级为一级、跨度 40mm 及以上的公共建筑钢网架结构，且设计有要求时，应对其焊接（螺栓）球节点进行节点承载力检测，并进行有见证取样和送检，出具《网架节点承载力检测报告》（表 C7-39）。

3）高强度螺栓连接摩擦面进行见证取样送检，由检测单位出具《抗滑移系数检测报告》（表 C7-40）。

五、幕墙工程

（1）施工物资资料

1）幕墙工程施工物资资料主要包括铝塑板、石材、安全玻璃、硅酮结构密封胶、金属板、钢材、五金件及配件、连接件和涂料等，应有出厂质量证明文件。其中铝塑板、石材、安全玻璃、硅酮结构密封胶应按规定见证取样送检，有试验报告（表 C3-36～C3-40）。

2）硅酮结构密封胶还应有国家指定检测机构出具的相容性和剥离粘结性试验报告，双组分硅酮结构胶应有混匀性及拉断试验报告。

3）施工物资资料试验用表 C3-36～表 C3-40。

（2）施工记录

幕墙注胶应做施工记录，填写《幕墙注胶施工记录》（表 C5-29）。

（3）隐蔽工程检查验收

1）幕墙工程应进行隐蔽检查的项目在隐蔽前检查验收，填写《_____隐蔽工程检查验收记录》（表 C6-01）。

2）幕墙工程隐蔽工程检查验收内容包括构件之间、构件与主体结构连接节点的安装与防腐处理，幕墙四周、幕墙与主体结构之间间隙节点的处理、封口的安装，幕墙伸缩缝、沉降缝、防震缝及墙面转角节点的安装，幕墙防雷接地节点的安装，幕墙防火构造等。

（4）施工检测

1）幕墙用后置埋件应有《锚固抗拔承载力检测报告》（表 C7-06）。

2）幕墙工程完工后，应有抗风压性能、空气渗透性能、平面变形性能及雨水渗透性能检测，由检测单位出具《幕墙气密性、耐风压、平面变形性能检测报告》。施工单位进行幕墙现场淋水检测，填写《幕墙淋水检测记录》（表 C7-41）。

六、建筑给排水及暖通工程施工资料的管理

1. 施工物资资料

（1）各类管材、备件应有产品质量证明文件。

（2）设备、配件及器具应有质量合格证及安装说明书。

（3）对于国家及地方规定的特定设备及材料，如消防、卫生、压力容器等，应有检验报告。如《安全阀、压阀的调试报告》，《锅炉、承压设备焊缝无损探伤检测报告》，《给水管道材料卫生检验报告》，《水表和热量表计量检定证书》等。

（4）阀门、散热器及水嘴使用前，应有质量检测部门压力试验报告。

（5）绝热材料应有产品质量合格证和性能检验报告。

以上施工物资资料试验用表填写表 C3-41、C3-42。

2. 施工记录

（1）补偿器安装记录（表 C5-30）；

（2）伸缩器安装及预拉伸记录（表 C5-31）；

（3）设备精平、找正记录（表 C5-32）；

（4）风机、水泵安装记录（表 C5-33）；如本章后面的附表 C5-33 所示。

3. 施工检测资料

（1）设备及管道附件进场后，使用前，应进行检测，填写《设备及管道附件检测记录》（表 C7-42）。

（2）开式水箱、卫生洁具、室内的雨水管道等非承压管道安装完毕后，以及暗装、埋地、有绝热层的室内排水管道进行隐蔽前，应进行灌水、满水检测，填写《灌水、满水检测记录》（表 C7-43）。

（3）室内外输送各种介质的承压管道、设备在安装完毕，隐蔽之前，应进行强度、严密性检测，填写《管道与设备强度、严密性检测记录》（表 C7-44）。

（4）室内外给水（冷、热）、中水及游泳池水系统，卫生洁具、地漏及地面清扫口进行通水冲洗检测。填写《通水检测记录》（表 C7-45）。

（5）室内外给水（冷、热）、中水及游泳池水系统，采暖、空调、消防及设计有要求的管道应在使用前冲洗试验；介质为气体的管道系统应做吹洗试验；设计有要求时还应做脱脂处理；填写《管道冲洗、吹扫、脱脂检测记录》（表 C7-46）。

（6）室内排水水平干管、主立管安装完成后，应进行通球检测，填写《室内排水管道通球检测记录》（表 C7-47）。

（7）室内消火栓系统在安装完成后，应进行消火栓试验，填写《室内消火栓试验记录》（表 C7-48）。

（8）给水管道安装完成后，还应有卫生防疫部门出具生活用水卫生检测报告。

（9）锅炉的高、低水位报警器和超温、超压报警器及联锁保护装置必须按设计要求安装齐全，并进行启动、联动检测，填写《安全附件安装检测记录》（表 C7-49）。

（10）锅炉安装完毕后，在试运行前，应进行烘炉，填写《锅炉烘焙记录》（表 C7-50）。

（11）锅炉安装完毕后，在试运行前，应进行煮炉，填写《锅炉煮炉记录》（表 C7-51）。

（12）锅炉在烘炉、煮炉合格后，应进行 48 小时的带负荷连续试运行，同时应进行安

全阀的热状态定压检验和调整，填写《锅炉试运行记录》（表 C7-52）。

(13) 安全阀在投入运行前进行调试，填写《安全阀调试记录》（表 C7-53）。

4. 隐蔽工程检查验收记录

一般包括以下内容：

埋于地下或结构中和暗敷设于沟槽、管井及进入吊顶的给水、排水、雨水、采暖、消防管道和相关设备应检验。

管材、管件、阀门、设备的材质与型号；

安装位置、标高、坡度；

有防水要求的套管检查其定位及尺寸。

塑料管检查是否铺设在砂土垫层上。

是否按规定完成强度、严密性、冲洗等试验。

有绝热、防腐要求的给水、排水、采暖、消防、喷淋管道和相关设备应检验。

绝热方式、绝热材料的材质与规格；

绝热管道与支、吊架之间的防结露措施、防腐处理及做法等。

埋地的采暖、热水管道，保温层、保护层应检验。

安装位置、标高、坡度、支架做法。

保温层、保护层设置等。

地面辐射采暖，检查加热盘管是否有接头、绝热层的材质及厚度以及是否按要求完成压力试验。

隐蔽工程检查验收，《_____隐蔽工程检查验收记录》（表 C6-01）。

七、通风空调工程施工资料的管理

1. 施工物资资料

(1) 各类板材、管材等应有出厂质量证明文件和性能检验报告。

(2) 压力表、温度表、湿度计、流量计、水位计等应有产品合格证和检测报告。

(3) 阀门使用前应有质量检测部门压力试验报告。

(4) 绝热材料应有产品质量合格证和性能检验报告。

2. 施工记录

(1)《设备精平、找正记录》（表 C5-32）。

(2)《风机、水泵安装记录》（表 C5-33）。

3. 隐蔽工程检查验收记录

一般包括以下内容：

敷设于竖井内、不进入吊顶内的风道（包括各类附件、部件、设备等）应检验：

风道的标高、材质，接头、接口严密性，附件、部件安装位置；

支、吊、托架安装与固定；

活动部件是否灵活可靠、方向正确；

风道分支、变径处理是否符合要求；

风管的漏、光、漏风检测、空调水管的强度、严密性、冲洗等试验记录；

有绝热、防腐要求的风管、空调水管及设备应检验：

绝热材料的材质、规格、防腐处理及做法；

绝热管道与支、吊架之间所有材料及做法。

4. 施工检测资料

（1）风管系统安装完成后，应进行风管漏光检测，填写《风管漏光检测记录》（表 C7-54）。

（2）风管系统安装完成后，应进行风管漏风检测，填写《风管漏风检测记录》（表 C7-55）。

（3）除尘器壳体、组合式空气调节机组应做漏风量的检测，填写《除尘器、空调机漏风检测记录》（表 C7-56）。

（4）通风与空调工程无生产负荷联合运转时，应分系统的，将同一系统内的各房间内风量、室内房间温度进行测量调控，填写《室内风量、温度检测记录》（表 C7-57）。

（5）通风与空调工程进行无生产负荷联合试运转时，应分系统的，将将同一系统内的各测点的风压、风速、风量进行测试和调整，填写《风管风量平衡检测记录》（表 C7-58）。

（6）通风与空调工程进行无生产负荷联合试运转及调试时，应对空调系统总风量进行测量调整，填写《_____系统调试、试运行记录》（表 C7-05）。

（7）通风与空调工程进行无生产负荷联合试运转及调试时，应对空调冷（热）水及冷却水总流量、供、回水温度应进行测量、调整，填写《_____系统调试、试运行记录》（表 C7-05）。

（8）制冷系统的工作性能应进行气密性检测，填写《冷系统气密性检测记录》（表 C7-59）。

（9）净化空调系统无生产负荷试运转时，系统中的高效过滤器应进行泄漏测试，并对室内洁净度进行测定，填写《净化空调系统检测记录》（表 C7-60）。

（10）在防排烟系统联合试运行和调试过程中，应测试楼层及其上下二层的排烟系统中的排烟风口、正压送风系统的送风口进行联动调试，并对各风口的风速、风量进行测量调整，对正压送风口的风压进行测量调整，填写《排烟系统联合试运行记录》（表 C7-61）。

八、建筑电气工程施工资料的管理

1. 施工物资资料

（1）电力变压器、柴油发电机组、高压成套配电柜、蓄电池柜、不间断电源柜、控制柜（屏、台）应有出厂合格证和实验记录。

（2）低压成套配电柜、动力、照明配电箱（盘、柜）应有出厂合格证、"CCC"认证标志及试验记录。

（3）电动机、电加热器、电动执行机构和低压开关设备应有出厂合格证、"CCC"认证标志。

（4）电线、电缆、照明灯具、开关、插座、风扇及附件应有出厂合格证、"CCC"认证标志。

（5）导管、型钢应有出厂合格证和材质证明书。

（6）电缆桥架、线槽、裸母线、裸导线、电缆头部件及接线端子、电焊条、钢制灯柱、混凝土电杆和其他混凝土制品应有出厂合格证。

（7）镀锌制品（支架、横担、接地极、避雷用型钢等）和外线金具应有出厂合格证和镀锌质量证明书。

（8）封闭母线、插接母线应有出厂合格证、"CCC"认证标志。

（9）进口物资的商检证明。

（10）设备安装技术文件。

2. 隐蔽工程检查验收资料

应按如下要求，检查并填写《隐蔽工程检查验收记录》（表C6-01）

（1）埋于结构内的各种电线导线：检查导管的品种、规格、位置、弯扁度、弯曲半径、连接、跨接地线、防腐、管（盒）固定、管口处理、敷设情况、保护层、需焊接部位的焊接质量等。

（2）结构钢筋避雷引下线：检查轴线位置、钢筋数量、规格、搭接长度、焊接质量，与接地极、避雷网、均压环等连接点的焊接情况等。

（3）等电位均压环暗敷设：检查使用材料的品种、规格、安装位置、连接方法、连接质量、保护层厚度等。

（4）接地极装置埋设：检查安装位置、间距、数量、材质、埋深、接地极的连接方法、连接质量、防腐情况等。

（5）金属门窗、幕墙金属框架接地：检查连接材料的品种、规格、连接位置和数量、连接方法和质量等。

（6）不进入吊顶内的电线导管：检查导管的品种、规格、位置、弯扁度、弯曲半径、连接、跨接地线、防腐、需焊接部位的焊接质量、管与盒连接与固定、管口处理、固定方法、固定间距等。

（7）不进入吊顶内的线槽：检查材料品种、规格、位置、连接、接地、防腐、固定方法、固定间距及与其他管线的位置关系等。

（8）直埋电缆：检查电缆的品种、规格、埋设方法、埋深、弯曲半径、标桩埋设情况等。

（9）不进入的电缆沟内敷设电缆：检查电缆的品种、规格、埋设方法、固定方法、固定间距、标识情况等。

（10）管（线）路经过建筑物变形缝处补偿装置：检查管（线）与补偿装置的连接、补偿的有效性及位置。

（11）大型灯具及吊扇的预埋件（吊钩）：检查预埋件的品种、规格、制作、焊接质量及固定方法等。

3. 施工监测资料

（1）电气接地电阻检测

接地电阻检测包括设备、系统的防雷接地、保护接地、工作接地、防静电接地等设计有要求的各种接地检测。

检测后填写《电气接地电阻检测记录》（表C7-62）。记录中，应绘制平面图，说明各接地装置及接地检测点的位置和编号。

（2）等电位联结导通性检测

等电位联结安装完毕后，应进行导通性测试，验证联结的有效性。等电位联结端子板与等电位联结范围内金属管道等金属体末端之间的电阻值应符合要求。

检测用电源可采用空载电压为4～24V的直流或交流电源，检测电流1不小于0.2A。

也可采用其他专用仪表直接测量读取电阻值。

检验等电位联结电阻，也可选择分段检测，然后将各检测结果相加，作为其实际电阻，填写《等电位联结导通性检测记录》（表 C7-63）。

（3）电气绝缘电阻检测

绝缘电阻检测包括电气设备和动力、照明线路及其他必须确认绝缘电阻的检测。电气配线系统绝缘电阻检测，需检测两次。第一次检测是在配线工程穿线、焊接包头后的初测（此次检测记录不需传递与保管），只有确认线路绝缘符合要求后，方可进行器具安装；第二次检测是在电气器具设备安装完毕后，通电调试前再进行的全面和最终检测。应逐回路（或设备）进行检测，不得遗漏，填写《电气绝缘电阻检测记录》（表 C7-64）。

（4）大型照明灯具载荷测试

花灯吊钩圆钢直径不应小于灯具挂销直径，且不应小于 6mm。大型（由设计确定）花灯的固定及悬吊装置，应按灯具重量的 2 倍做过载试验。试验重物宜离开地面 30cm 左右，试验时间为 15min。填写《大型照明灯具载荷测试记录》（表 C7-65）。

（5）电气器具通电安全测试

电气器具安装完成后，应按层、部位（户），对电气器具全数进行通电安全检查，验证器具接线正确及漏电保护开关动作可靠等。各插座与漏电保护开关之间，必须全部做模拟试验。漏电保护装置动作电流不大于 30mA，动作时间不大于 0.1 秒。填写《电气器具通电安全测试记录》（表 C7-66）。

（6）建筑物照明通电试运行

照明工程结束后，应作通电试验，以检测施工质量和设计的预期功能。

多进户的照明工程，应按进户数量划分系统，每个系统均应各自进行通电试运行和记录。填写《建筑物照明通电试运行记录》（表 C7-67）。

公用建筑照明系统通电连续试运行时间为 8 小时。试运行时，系统内的所有灯具均应开启，同时投入运行。开通时及以后每隔 2 小时记录运行状态 1 次。

（7）电气设备空载试运行

电气设备应空载试运行，并填写《电气设备空载试运行记录》（表 C7-68）。

电动机通电试运行，运行时间为 2 小时，其间共记录 3 次，即开始时，运行 1 小时，行将结束时，运行 2 小时。

（8）大容量电气线路结点温度检测

大容量（630A 及以上）导线、母线连接处及与开关连接处，按设计要求，在设计计算负荷运行情况下应做温度抽测，并做记录，温升值稳定且不大于设计值，填写《大容量电气线路结点温度检测记录》（表 C7-69）。

（9）避雷带支架拉力测试

避雷带所有支持件均应做垂直拉力试验，必须全部符合要求，并填写《避雷带支架拉力测试记录》（表 C7-70）。

（10）高压部分检测

高压设备、线路等耐压检测，由具有检测资格的单位进行检测，并出具检测报告。

（11）电度表检定

电度表在安装前，应由具有检定资格的单位全数检定，并提供检定资料。

九、建筑智能工程施工资料的管理

1. 施工物资资料

（1）建筑智能工程的主要设备、材料及附件应有出厂质量证明文件。

（2）产品质量检验应包括列入《中华人民共和国实施强制性产品认证的产品目录》或实施生产许可证和上网许可证管理的产品，未列入强制性认证产品目录或未实施生产许可证和上网许可证管理的产品，厂家应提供由检测单位按相应的现行国家产品标准做出的产品检测报告；供需双方有特殊要求的产品，应按合同规定或设计要求进行。

（3）硬性设备及材料的质量检验重点应包括安全性、可靠性、电磁兼容性及使用坏境等项目，可靠性检测参考由生产厂家出具的检测报告。

（4）软件产品质量应按下列内容检验：

1）商业化的软件，如操作系统、数据库管理系统、应用系统软件、信息安全软件和网络软件等应对使用许可证及使用范围进行检验。

2）由系统承包商编制的用户应用软件、用户组态软件及测试接口软件等应用软件，除进行功能和系统测试之外，还应根据需要进行容量、可靠性、安全性、可恢复性、兼容性、自诊断等多项功能测试，并保证软件的可维护性，由检测单位提供检验报告。

3）所有自编软件均应提供完整的文件（包括软件资料、程序结构说明、安装调试说明、使用和维护说明书等）。

（5）系统接口的质量应按下列要求检验

1）系统承包商应提交接口规范，接口规范应在合同签订时由合同签订单位负责审定。

2）系统承包商应根据接口规范制定接口测试方案，接口测试方案经检测机构批准后实施。系统接口测试应保证接口性能符合设计要求，实现接口规范中规定的各项功能，不发生兼容性及通信瓶颈问题，并保证系统接口的制造和安装质量。

（6）依规定程序获得批准使用的建筑智能新材料和新产品应提供主管部门规定的相关证明文件。

（7）进口产品除应符合本标准规定外，尚应提供原产地证明和商检证明，配套提供的质量合格证明、检验报告及安装、使用、维护说明书等文件资料应为中文文本（或附中文译文）。

2. 隐蔽工程检查验收记录

（1）埋在结构内的各种电线导管：检查导管的品种、规格、位置、弯曲度、弯曲半径、连接、跨接地线、防腐、需焊接部位的焊接质量、管（盒）固定、管（盒）连接、管口处理、敷设情况、保护层等。

（2）不进入吊顶内的电线导管：检查导管的品种、规格、位置、弯曲度、弯曲半径、连接、跨接地线、防腐、需焊接部位的焊接质量、管（盒）固定、管（盒）连接、管口处理、固定方法、固定间距等。

（3）不进入吊顶内的线槽：检查其品种、规格、位置、连接、跨接地线、防腐、固定方法、固定间距等。

（4）直线电缆：检查电缆的品种、规格、埋设方法、埋深、弯曲半径、标桩埋设情况等。

（5）不进入的电缆沟敷设电缆：检查电缆的品种、规格、弯曲半径、固定方法、固定间距、标识情况等填写《_____隐蔽工程检查验收记录》（表 C6-01）。

3. 施工检测资料

（1）建筑智能各系统设备安装完之后，在建筑内部装修和各系统施工结束后应依据设计要求进行系统设备检测。检测的内容包括硬件通电检测：建筑设备的单机试运转、现场设备（各类传感器、变送器、电动阀门及执行器、控制器）的性能检测；网络设备的通电自检；软件产品应根据需要进行容量、可靠性、安全性、可恢复性、兼容性、自诊断等多项功能检测、并保证软件的可维护性；工作状态和应急状态的供电设备，如应急发电机组、蓄电池组等的技术性能检测。填写《_____施工检测记录》（表 G7-03）。

（2）建筑智能系统的防雷及接地系统采用单独接地装置的，应对其接地电阻进行检测，填写《电气接地电阻检测记录》（表 C7-62）。

（3）建筑智能系统单独配置的电源设备和配电线路，应对其绝缘电阻进行摇测，填写《电气绝缘电阻检测记录》（表 C7-64）。

（4）建筑智能统的电气器具安装完成后，应进行通电测试，填写《电气器具通电安全测试记录》（表 C7-66）。

（5）建筑智能系统在设备安装调试完成后，系统承包商应根据《智能建筑工程质量验收规范》GB 50339—2003 的规定和设计要求对子系统或系统进行功能检验。检验内容应按照该规范各章中的系统检测项目进行全部检测，且应重点检测设计中要求增加的项目填写《建筑智能系统功能检测记录》（表 C7-71）。

（6）综合布线系统性能检测应包括电缆系统电气性能检测和光纤系统性能检测。填写《综合布线系统性能测试记录》（表 C7-72）。

（7）有线电视系统的性能采用主观评测检查，系统输出电平是有线电视系统性能评测的客观依据，填写《视频系统末端测试记录》（表 C7-73）。

（8）建筑设备监控系统功能检测应包括模拟量的输入输出数据检测，数字量的输入输出数据检测及系统监控功能的检测，填写《建筑设备监控系统功能测试记录》（表 C7-74）。

（9）建筑智能系统在系统安装调试和系统测试合格后，由建设单位或物业管理单位组织，使用单位的管理人员和操作人员参加，与系统承包商共同根据各系统的不同要求，按《智能建筑工程质量验收规范》GB 50339—2013 中各章规定的合理周期对系统进行连续不中断试运行，填写《建筑智能系统试运行记录》（表 C7-75）。

（10）在建筑智能系统安装调试完成，已进行了规定时间的试运行，并提供了相应的技术文件和工程实施及质量控制记录后，建设单位组织各工程责任单位依据合同技术文件和设计文件，以及《智能建筑工程质量验收规范》GB 50339—2013 的规定检测项目，检测数量和检测方法，制定系统检测方案并经检测机构批准和实施。检测机构应按系统检测方案所列检测项目进行检测并出具检测报告。检测报告中应包括对各子系统的检测，并应重点检测以下内容：

1）防火墙和防病毒软件是否具有产品销售许可证、是否符合相关规定；

2）建筑智能网络安全系统的防火墙和防病毒软件是否具有安全保障功能及可靠性；

3）检测消防控制室向建筑设备监控系统传输、显示火灾报警信息的一致性和可靠性，检测与建筑设备监控系统的接口、建筑设备监控系统对火灾报警的响应及其火灾运行模式；

4）新型消防设施的设置及功能检测应包括早期烟雾探测火灾报警系统、大空间早期火灾智能检测系统、大空间红外图像矩阵火灾报警及灭火系统、可燃气体泄漏报警及联动控制系统；

5）检测安全防范系统中相应的视频安防监控（录像、录音）系统、门禁系统、停车场（库）管理系统等对火灾自动报警的响应及火灾模式操作等功能；

6）电源与接地系统的检测应包括引接验收合格的电源和防雷接地装置、建筑智能系统的接地装置、防过流与防过压元件的接地装置、防电磁干扰屏蔽的接地装置、防静电接地装置等内容。

十、电梯工程施工资料的管理

1. 施工物资资料

电梯设备进场后，由建设、监理、施工和供货单位共同开箱检验，并进行记录，填写《＿＿＿＿设备开箱检验记录》（表 C3-02）。电梯工程的主要设备、材料及附件应有出厂合格证、产品说明书、安装技术文件及安全部件型式检验报告等。

2. 施工记录

（1）电梯开箱验收合格后，根据随机文件和设备名牌上的数据填写《电梯技术参数》（表 C5-34）。

（2）电梯机房、井道的土建交接填写《电梯机房、井道土建交接记录》（表 C5-35）。

（3）自动扶梯、自动人行道的土建交接填写《自动扶梯、自动人行道土建交接记录》（表 C5-36）。

（4）电梯导轨支架安装填写《电梯导轨支架安装记录》（表 C5-37）。

（5）电梯导轨安装填写《电梯导轨安装记录》（表 C5-38）。

（6）电梯轿厢、安全钳、限速器、缓冲器安装填写《电梯轿厢、安全钳、限速器、缓冲器安装记录》（表 C5-39）。

（7）电梯对重装置、导向轮、复绕轮、曳引机、导靴安装《电梯对重装置、导向轮、复绕轮、曳引机、导靴安装记录》（表 C5-40）。

（8）电梯门系统安装填写《电梯门系统安装记录》（表 C5-41）。

（9）电梯电气装置安装填写《电梯电气装置安装记录》（表 C5-42）。

（10）自动扶梯、自动人行道电气装置安装填写《自动扶梯、自动人行道电气装置记录》（表 C5-43）。

（11）自动扶梯、自动人行道机械装置安装填写《自动扶梯、自动人行道机械装置安装记录》（表 C5-44）。

（12）液压电梯安装工程应参照《液压电梯》JG 5071 和相关的标准及要求填写记录。

3. 隐蔽工程检查验收记录

（1）电梯承重梁埋设填写《电梯承重梁埋设隐蔽工程检查验收记录》（表 C6-02）。

（2）电梯钢丝绳头组装灌注填写《电梯钢丝绳头组装灌注隐蔽工程检查验收记录》（表 C6-03）。

（3）电梯井、层门支架、螺栓埋设填写《电梯井、层门支架、螺栓埋设隐蔽工程检查验收记录》（表 C6-04）所示。

4. 施工检测资料

（1）电梯电气装置安装完，安装单位应进行电梯电气绝缘电阻检测填写《电梯电气绝缘电阻检测记录》（表 C7-76）。

（2）电梯平层调试填写《轿厢平层准确度检测记录》（表 C7-77）。

（3）电梯负荷试验和平衡系数检测填写《电梯负荷运行检测记录》（表 C7-78）。

（4）电梯负荷检测的同时，应对电梯轿厢内、机房、开关门的运行噪声进行检测填写《电梯噪声检测记录》（表 C7-79）。

（5）对电梯的电气装置进行检测确认后，填写《电梯电气装置检测记录》（表 C7-80）。

（6）对电梯的整机运行性能进行检测确认后，填写《电梯整机性能检测记录》（表 C7-81）。如本单元后面的附表 C7-81 所示。

（7）对电梯的主要功能进行检测确认后，填写《电梯主要功能检测记录》（表 C7-82）。

（8）自动扶梯、自动人行道安装完毕，安装单位应对其安全装置、运行速度、噪声、制动器等功能进行检测，并填写《自动扶梯、自动人行道安全装置检测记录》（表 C7-83）。

（9）对自动扶梯、自动人行道整机性能进行检测确认后，填写《自动扶梯、自动人行道整机性能检测记录》（表 C7-84）。

（10）施工检测记录用表 C7-76～表 C7-84。

任务 11　施工单位资料填写范例

1. 检验批施工质量验收记录表的填写说明

（1）检验批施工质量验收记录由施工项目质量检查员填写，监理工程师（建设单位项目技术负责人）组织项目质量检查员等进行验收。

（2）检验批表的右上方编号 L×××××× □□是按单位工程的分部、子分部、分项检验批统一进行编排的。L—指辽宁省，第 1、2 位数字××为分部工程代码，第 3、4 位数字××为子分部工程代码。第 5、6 位数字××为分项工程代码，第 7、8 位数字是各分项工程检验批验收的顺序号。由于有些分项在不同分部、子分部中出现，或有些子分部工程在不同的分部工程中出现，造成一表多表，故括号内（□□□□□□）为此表在其他分部、子分部工程中使用时填写用。

（3）工程名称应填写名称的全称，与合同文件上的单位工程的名称相一致。

（4）施工单位、分包单位应填写名称全称，与合同上公章名称相一致。

（5）检验部位应填写具体，如某层×轴至×轴线之间。

（6）总包项目经理、分包项目经理均应是合同中指定的项目经理。专业工长（施工员）、施工班组长分别由本人签字。

（7）施工执行标准名称及编号。

施工执行标准是指企业标准（或引用的推荐标准，但必须经企业认可为企业标准），企业标准应有名称及编号、编制人、批准人、批准时间、执行时间。

（8）施工单位检验意见（栏）

1）施工单位对主控项目、一般项目的检验，应按操作依据的标准（企业标准）等进行自行检验。

2）对定性项目，如原材料、混凝土强度、砂浆强度等，可填写资料分数，其他定性项目可填写"符合要求"或"不符合要求"。

3）对定量项目，如允许偏差、计算合格点百分率项目，可直接填写检查数据，计算合格点率。超企业标准的数字，而没有超过 DB××/××× 验收标准的用"○"圈住，对超过 DB××/××× 验收标准的用"△"圈住。

（9）监理（建设）单位验收意见（栏）。

1）对定性项目填写"符合要求"或"不符合要求"，对定量项目填写"合格"或"不合格"。

2）对不符合验收标准规定的项目，应写明原因和处理意见，待处理后再验收。

（10）施工单位检验结果（栏），填写"检验符合标准规定"。项目专业质量检查员由本人签字，并加盖岗位资格章。

（11）监理（建设）单位验收意见（栏），填写"验收合格"或"验收不合格"。专业监理工程师（建设单位项目技术负责人）签字，并加盖岗位资格章。

2. 分项工程施工质量验收记录的填写说明

（1）分项工程质量应由监理工程师（建设单位项目技术责任人）组织项目技术负责人等进行验收，并按建筑工程筑业软件辽宁版附表三记录。

（2）将分项工程名称填写具体，应和检验批表的名称一致。

（3）检验批部位（栏），将检验批逐项填写，并注明部位、区段，以便检查是否有没检查到的部位。

（4）施工单位检验意见（栏），填写"符合设计要求及标准×××的合格规定"。

（5）监理（建设）单位验收意见（栏），填写"合格"或"不合格"。

（6）施工单位检验结果（栏），填写"检验符合标准×××合格规定"。由项目技术负责人签字。

（7）监理（建设）单位验收结论（栏），填写"验收合格"或"验收不合格"。由监理工程师（建设单位项目负责人）签字，并加盖岗位资格章。

3. 分部（子分部）工程施工质量控制资料核查记录

（1）子分部工程施工质量控制资料核查记录。

1）填写子分部名称。工程名称、施工单位、资料名称和份数（栏），由施工单位项目质量（技术）负责人填写。

2）核查意见（栏），由总监理工程师组织专业监理工程师参加核查，由总监理工程师（建设单位项目负责人）填写"符合要求"或"不符合要求"。对做到及时、准确、齐全、完整的，可写"符合要求"；对"不符合要求"的应加以说明和写出处理意见。核查人（栏），由总监理工程师签认。

3）结论（栏），由总包单位项目经理和总监理工程师共同确认填写"经检验、核查符合要求"或"经检验、核查不符合要求"，并签字，加盖岗位资格章。对结论为"不符合要求"应写出处理意见。

（2）子分部工程安全和功能检验资料核查及主要功能抽查记录。

1）填写子分部名称。工程名称、施工单位、安全和功能检验项目和份数（栏），由施工单位项目质量（技术）负责人填写。

2）核查意见（栏）和抽查意见（栏），由总监理工程师组织专业监理工程师核查、抽查。有关的施工单位项目经理、项目质量技术负责人应参加。

3）结论（栏），由总包单位项目经理和总监理工程师共同确认填写"经检验、核查及抽查符合要求"或"经检验、核查及抽查不符合要求"，并签字加盖岗位资格章。对经检验、核查及抽查"不符合要求"的应加以说明和提出处理意见。

（3）子分部工程施工观感质量检查评价记录

1）填写子分部名称

2）参加人员（栏），填写总监理工程师（建设单位项目负责人）和专业监理工程师、项目经理、项目质量（技术）负责人、技术（质量）部门负责人，检查评价人数应不少于5人。

3）项目名称（栏）由施工单位项目质量（技术）负责人填写。

4）抽查质量状况（栏），各抽查点质量状况（好、一般、差）分别用√、○、×填写。评价时，施工企业应先自行检查合格后再交监理验收，由总监理工程师组织专业监理工程师，通过现场检查，在听取有关人员的意见后，以总监理工程师为主与专业监理工程师确认质量评价：好、一般、差。

5）质量评价（栏）

A. 每项抽检点中无"差"（×），且"好"（√）点占该项总抽查点数50％及以上，可填写"好"。

B. 每项抽检点评为"差"（×）点数不大于20％，且不影响安全、使用功能及观感，可填写"一般"。

C. 经现场检查，评价为"差"的应写出处理意见。

6）综合评价（栏）

A. 子分部工程中被抽检的分项工程评价为"好"的项数占总抽检项数的50％及以上，且无"差"项可填写"好"。

B. 子分部工程中，被抽检的分项工程评价为"好"的项数占总抽检项数低于50％，且无"差"项，可填写"一般"。

C. 经现场检查，评价为"差"的应写出处理意见。

7）结论（栏），由总监理工程师（建设单位项目负责人）和施工总包单位项目经理填写：经现场检查评价共同确认为"好"、"一般"或"差"，并签字，加盖岗位资格证书。

A. 抽检项数综合评价为"好"的项数达到50％及以上，且无"差"项，结论可写："经现场检查评价共同确认为'好'"。

B. 抽检的项数综合评价为"好"的项数低于50％，且无"差"项，结论可写："经现场检查评价共同确认为'一般'"。

C. 经现场检查评价共同确认为"差"的应写出处理意见。

（4）子分部工程施工质量验收记录

1）子分部工程施工质量验收记录应由施工单位项目质量（技术）负责人，将自行检验合格的部分内容填写好后，由项目经理交总监理工程师（建设单位项目负责人）组织相关人员验收。

2）分项工程名称（栏）应按照《建筑工程施工质量验收统一标准》GB 50300—2001来划分分项工程，并结合工程结构类型填写相应的分项工程。由于工程所在地的不同，也可根据当地主管部门的规定，按照当地的《××省建筑工程施工质量验收标准》来划分分项工程。如工程所在地在辽宁省，则可根据《辽宁省建筑工程施工质量验收标准》统一准则 DB 23/711 划分的分项工程，并结合工程结构类型填写相应的分项工程。

3）检验批（栏）分别填写分项工程实际的检验批数量，即分项工程验收表上的检验批数量。

4）施工单位检验意见（栏），施工单位根据自行检验结果填写"符合标准××的合格规定"。

5）验收意见（栏），由监理工程师填写：分项和检验批划分合理，验收项目完整，符合设计要求及标准 DB23/×××合格的规定。验收不合格应写出原因与处理意见。

6）子分部工程施工质量控制资料核查记录（栏）。

A. 在施工单位检验意见（栏），施工单位根据资料的数量及完整情况填写："经检验符合要求"。

B. 在验收意见（栏），由监理工程师根据资料的及时、准确、齐全及完整情况，填写"符合要求"或"不符合要求"。

7）子分部工程安全和功能检验资料核查及主要功能抽查记录（栏）

A. 在施工单位检验意见（栏），施工单位应根据安全和功能两方面检测资料的情况，填写"经检验符合要求"。

B. 在验收意见（栏），由监理工程师根据安全和功能检查就每项检测是否有单位检测报告，其结果能否达到设计要求等情况，填写"符合要求"或"不符合要求"。

8）子分部工程施工观感质量检查评价记录（栏），由监理工程师组织专业监理工程师，会同参加验收人员共同进行。通过现场检查，听取验收人员意见后，以总监理工程师为主与专业监理工程师共同确认质量评价，填写经现场检查评价共同确认为"好"、"一般"或"差"。

9）检验验收单位（栏）。

A. 分包单位（栏），由分包单位项目经理亲自签认，并加盖岗位资格章。填写"检验符合标准×××合格规定"。

B. 施工单位（栏），由总承包单位项目经理亲自签认，并加盖岗位资格章。填写"检验符合标准×××合格规定"。

C. 勘察单位（栏），勘察单位只可签认地基基础子分部工程，由项目负责人亲自签认，并加盖岗位资格章。填写"基坑（槽），现场检验地质条件与勘察报告相符（或不符），同意（或不同意）继续施工。"对现场检验与勘察报告不符时应写出处理意见。

D. 设计单位（栏），设计单位只可签地基基础、主体结构子分部工程，由项目负责人亲自签认，并加盖岗位资格章。填写"施工质量符合（或不符合）设计要求，同意（或不同意）验收"。对不符合设计要求的，应写明原因和处理意见。

E. 监理单位（栏），由总监理工程师（建设单位项目负责人）亲自签认验收，总监应加盖岗位资格章，填写"符合 DB××/×××合格规定，验收合格（或验收不合格）"。对"验收不合格"的应提出问题和处理意见。

（5）子分部工程施工质量验收记录

1）分部工程施工质量验收记录应由施工单位项目质量（技术）负责人将自行检验合格的部分内容填写好后，再由项目经理交总监理工程师（建设单位项目负责人）组织有关人员验收。

2）子分部工程名称（栏），按《辽宁省建筑工程施工质量验收标准》统一准则 DB×
×/×××划分的子分部工程，并结合工程结构类型填写相应的子分部工程。

3）分项数（栏），分别填写各子分部工程实际的分项数，即子分部工程验收表上的分
项数。

4）施工单位检验意见（栏），施工单位根据自行检验结果，填写："符合标准×××
合格规定"。

5）验收意见（栏），由监理工程师填写"检验××个子分部，计××个分项工程，符
合设计要求及标准 DB××/×××合格规定，或检验××个子分部，计××个分项工程，
其中××子分部的××分项工程不符合设计要求及标准 DB××/×××合格规定。"

6）施工质量控制资料核查（栏），先由施工单位检验合格，再交监理单位验收。由总
监理工程师组织专业监理工程师，对已核查过的子分部工程质量控制资料逐项检查和审
查，符合要求后，将各子分部工程审查的资料逐项进行统计，填写核查施工质量控制资料
××份，"符合要求"或"不符合要求"。

7）安全和功能检验资料核查及主要功能抽查（栏），先由施工单位检验合格，再交监
理单位验收。由总监理工程师（建设单位项目负责人）组织专业监理工程师，除对已核查
和抽查过的子分部工程安全和功能检验资料逐项检查和审查外，还要对分部工程进行安全
和功能抽测项目、抽测报告是否达到设计要求及规范规定逐项进行核查验收，填写核查、
抽查安全及主要功能检验资料和抽查资料××份，"符合要求"或"不符合要求"。

8）施工观感质量检查评价（栏），分部工程施工观感质量检查评价，由施工单位先自
行检查合格后，再由总监理工程师（建设单位项目负责人）组织专业监理工程师、项目经
理、项目质量（技术）负责人、技术（质量）部门负责人，进行检查评价。检查评价人数
不少于 5 人。

通过现场检查，在听取有关人员意见后，以总监理工程师为主与专业监理工程师共同
确认，填写检验××个子分部，其中评为"好"××个子分部，占（   ）%，且无"差"
子分部，共同确认为"好"、"一般"或"差"。

A. 检查评价为"好"子分部数占总数的 50%及以上的，可共同确认为"好"，低于
50%可共同确认为"一般"。

B. 经现场检查，评价为"差"的应写出处理意见。

9）检验验收单位（栏）

A. 施工单位（栏），由总承包单位项目经理亲自签认，并加盖岗位资格章。填写"检
验符合标准×××合格规定"。

B. 勘察单位（栏），勘察单位只可签认地基基础分部工程，由项目负责人亲自签认，
并加盖岗位资格章。填写"基坑（槽），现场检验地质条件与勘察报告相符"或"现场检
验地质条件与勘察报告不符，但经处理满足设计要求"。

C. 设计单位（栏），设计单位只可签认地基基础、主体结构分部工程，由项目负责人
亲自签认，并加盖岗位资格章。填写"施工质量符合设计要求的，同意验收"。对不符合
设计要求的，应写明原因和处理意见。

D. 监理（建设）单位（栏），由总监理工程师（建设单位项目负责人）亲自签认验

收，总监应加盖岗位资格章，填写"符合标准 DB××/×××合格规定，验收合格"。

4. 单位（子单位）工程施工质量验收记录表的填写说明

（1）单位（子单位）工程施工质量控制资料核查记录

1）质量控制资料核查，应按项目分别进行。施工单位应先将资料分项目整理成册，项目顺序按本表顺序。每个项目按层次核查，并判断其能否满足规定要求。

2）份数（栏），由施工单位填写。

3）核查意见（栏），由总监理工程师组织专业监理工程师进行核查。填写"符合要求"或"不符合要求"。

4）核查人（栏），由总监理工程师亲自签认。

5）结论（栏），由总监理工程师（建设单位项目负责人）按项目核查情况填写：共核查×××项（等于表的顺序号），其中符合要求的××项，不符合要求××项，结论写"符合要求"或"不符合要求"。由施工（总包）单位项目经理和总监理工程师签字，并加盖岗位资格章。

（2）单位（子单位）工程安全和功能检验资料核查及主要功能抽查记录

1）由施工单位检验合格，再交监理单位验收。由总监理工程师（建设单位项目负责人）组织专业监理工程师进行核查、抽查，施工单位项目经理、项目质量（技术）负责人、技术（质量）部门负责人等参加。

2）份数（栏），由施工单位填写。

3）核查意见（栏）和抽查意见（栏），按项目分别进行核查和抽查，抽查项目由验收组协商确定。对在分部、子分部已进行安全和功能检测的项目，核查其结论是否符合设计要求；对在单位（子单位）工程进行安全和功能检测的项目，应核查其结论是否符合设计要求。按项目逐项核查及抽查后均填写"符合要求"或"不符合要求"。

4）核查（抽查）人（栏），由总监理工程师签认。

5）结论（栏），由总监理工程师（建设单位项目负责人）按项目核查及抽查情况填写：共核、抽查×××项（核查项数＋抽查项数），其中符合要求××项，不符合要求××项，结论填写"符合要求"或"不符合要求"。由施工（总包）单位项目经理和总监理工程师（建设单位项目负责人）签字，并加盖岗位资格章。

（3）单位（子单位）工程施工观感质量检查评价记录

1）参加人员（栏），总监理工程师（建设单位项目负责人）、专业监理工程师、项目经理、技术（质量）部门负责人等质量评价人员不少于 7 人。

2）单位工程施工观感质量检查评价，实际是复查一下各分部（子分部）工程验收后，到单位工程竣工的质量变化，以及分部（子分部）工程验收时还没有形成部分的观感质量。由施工单位检验合格，交监理验收。

3）由总监理工程师（建设单位项目负责人）组织专业监理工程师，会同参加验收人员共同进行，通过现场全面检查，在听取有关人员的意见后，由总监理工程师为主与由专业监理工程师共同确定质量评价："好"、"一般"或"差"。

4）综合评价（栏），各空白格填写："好"××项、"一般"××项、"差"××项。

5）结论（栏），由总监理工程师（建设单位项目负责人）填写："好"××项、"一般"××项、"差"××项。按"好"的项数占总项数的百分比，且无"差"项确定为

"好"、"一般"或"差"。

A. "好"的项数占总项数 50% 及以上，且无"差"项，可共同确认为"好"。

B. "好"的项数占总项数低于 50% 及以上，且无"差"项，可共同确认为"一般"。

C. 检查评价有"差"项可共同确认为"差"。当有影响安全、使用功能和严重影响观感的"差"项，必须返修处理，否则不予验收。

由施工（总包）单位项目经理和总监理工程师（建设单位项目负责人）签字，并加盖岗位资格章。

（4）单位（子单位）工程施工质量竣工验收记录

1）单位（子单位）工程由建设单位（项目）负责人组织施工单位（含分包单位）、设计单位、监理单位的项目负责人进行验收。

2）单位（子单位）工程的名称填全称，即批准项目的名称，并注明是单位工程或子单位工程。

3）验收记录（栏）由施工单位填写。验收结论（栏）由监理（建设）单位填写。综合验收结论由参加验收各方共同商定后，再由建设单位填写，应对工程质量是否符合设计和规范要求及总体质量水平做出评价。

A. 分部工程（栏），由项目经理组织有关人员对所含分部（子分部）工程检查合格后，由项目经理交监理验收。经验收组成员验收后，施工单位填写验收记录（栏），注明共验收几个分部，经验收符合标准及设计要求的几个分部。总监理工程师在验收结论（栏）填写"验收合格"。

B. 质量控制资料核查（栏），由施工单位检查合格，提交监理单位验收。将每个分部、子分部工程质量控制资料逐项统计，由施工单位填入验收记录（栏）。

C. 安全和功能检验资料核查及主要功能抽查（栏），包括两个方面，一个是在分部、子分部工程抽查过的项目，检查检测报告的结论；另一方面是单位工程抽查的项目，要检查其全部检查方法、程序和结论。由施工单位检验合格，将统计核查的项数和抽查的项数，分别填入验收记录栏相应的空格内。总监理工程师（建设单位项目负责人）在验收结论（栏）填写"符合要求"或"不符合要求"。

D. 施工观感质量检查评价（栏）

由施工单位检查合格，提交监理验收、施工单位按检验的项目数及符合要求的项目数填写在验收记录（栏）。由总监理工程师或建设单位项目负责人组织审查，按项目核查及抽查情况，填写"经现场检查评价共同确认为好或一般、差。"

E. 综合验收结论（栏）

综合验收是在前五项内容均验收符合要求后进行的验收。由建设单位组织设计、监理、施工等相关单位的人员分别进行核查验收有关项目，并由总监理工程师组织进行现场观感质量检查。经各项项目审查符合要求，再由建设单位项目负责人在综合验收（栏）内填写："综合验收合格"。

4）参加验收单位（栏）

勘察、设计、施工、监理、建设单位都同意验收时，其各单位的单位项目负责人，总监理工程师、施工单位负责人要亲自签字，以示对质量负责，并加盖单位公章，注明签字验收的年、月、日。

【课外延伸 1】 本章样表

工程概况表　　　　　　　　　　　　　　　　　　　　　　表 C.1.1

	工程名称		编号	
一般情况	建设单位			
	建筑用途		设计单位	
	建筑地点		勘察单位	
	建筑面积		监理单位	
	工期		施工单位	
	计划开工日期		计划竣工日期	
	结构类型		基础类型	
	层次		建筑檐高	
	地上面积		地下面积	
	人防等级		抗震等级	
构造特征	地基与基础			
	柱、内外墙			
	梁、板、楼盖			
	外墙装饰			
	内墙装饰			
	楼地面装饰			
	屋面构造			
	防火设备			
	机电系统名称			
	其他			

施工现场质量管理检查记录　　　　　　　　　　　　　　　表 C.1.2

工程名称		施工许可证（开工证）		编号	
建设单位		项目负责人			
设计单位		项目负责人			
勘察单位		项目负责人			
监理单位		总监理工程师			
施工单位		项目经理		项目技术负责人	
序号	项目		内容		
1					
2					
3					
4					
5					
6					
7					
8					
9					
10					
11					
检查结论：					

分包单位资质报审表

表 C.1.3

工程名称		施工编号	
		监理编号	

致＿＿＿＿＿＿＿＿＿（监理单位）
经考察，我方认为拟选择的＿＿＿＿＿＿＿＿（专业承包单位）具有承担下列工程的施工资质和工作能力，可以保证本工程项目按合同的约定进行施工，分包后，我方仍承担总包单位的责任。请予以审查和批准。

附：1、分包单位资质材料
　　2、分包单位业绩材料
　　3、中标单位通知书

分包工程名称（部位）	工程量	分包工程合同额	备注

施工总承包单位（章）＿＿＿＿＿＿＿＿

项目经理＿＿＿＿＿＿＿＿

专业监理工程师审查意见：

专业监理工程师＿＿＿＿＿＿＿＿

日期＿＿＿＿＿＿＿＿

总监理工程师审查意见：

监理单位＿＿＿＿＿＿＿＿

总监理工程师＿＿＿＿＿＿＿＿

日期＿＿＿＿＿＿＿＿

建设工程质量事故调查、勘查记录　　　　　　　　　　表 C.1.4

工程名称			编号	
			日期	
调（勘）查时间				
调（勘）查地点				
参加人员	单位	姓名	职务	电话
被调查人				
陪同调（勘）查人员				
调（勘）查笔录				
现场证物照片				
事故证据资料				
被调查人签字		调（勘）查人签字		

见证试验检测汇总表　　　　　　　　　　表 C.1.5

工程名称			编号	
			填表日期	
建设单位			检测单位	
监理单位			见证取样	
施工单位			取样人员	
试验项目	实验组数/次数	见证试验组/次数	不合格次数	备注
制表人（签字）				

施工日志　　　　　　　　　　　　　　　　表 C. 1. 6

工程名称		编号	
		日期	
施工单位			
天气情况	风力	最高/最低气温	
生产情况记录：（施工单位、施工内容、机械作业、班组工作、生产存在问题等）			
技术质量安全工作记录：（技术质量安全活动、检查评定验收、技术质量安全问题等）			
记录人（　）			

监理工程师通知回复单　　　　　　　　　　表 C. 1. 7

工程名称		施工编号	
		监理编号	
		日期	

致＿＿＿＿＿＿＿＿（监理单位）

我方接到编号为＿＿＿＿＿＿＿的监理工程师通知后，已按要求完成＿＿＿＿＿＿工作，现上报，请予以复查。

详细内容：

专业承包单位＿＿＿＿＿＿＿　　　　　　　项目经理/负责人＿＿＿＿＿＿＿

施工总承包单位＿＿＿＿＿＿＿　　　　　　项目经理/负责人＿＿＿＿＿＿＿

复查意见：

监理单位＿＿＿＿＿＿＿

总/专业监理工程师＿＿＿＿＿＿＿

日　　期＿＿＿＿＿＿＿

工程技术文件报审表　　　　　　　　　　表 C. 2. 1

工程名称		施工编号	
		监理编号	
		日期	

致＿＿＿＿＿＿＿（监理单位）
我方已编制完成了＿＿＿＿＿＿技术文件，并经相关技术负责人审查批准，请予以审定。
附：审查文件＿＿＿＿册

专业承包单位＿＿＿＿　　　　　　　　　　项目经理/负责人＿＿＿＿
施工总承包单位＿＿＿＿　　　　　　　　　项目经理/负责人＿＿＿＿

专业监理工程师审查意见：

　　　　　　　　　　　　　　　　　专业监理工程师＿＿＿＿
　　　　　　　　　　　　　　　　　日　　期＿＿＿＿

总监理工程师审查意见：

　　　　　　　　　　　　　　　　　监理单位＿＿＿＿
　　　　　　　　　　　　　　　　　总监理工程师＿＿＿＿
　　　　　　　　　　　　　　　　　日　　期＿＿＿＿

危险性较大分部分项工程施工方案专家论证表　　　表 C. 2. 2

工程名称			编号		
施工总承包单位			项目负责人		
专业承包单位			项目负责人		
分项工程名称					

专家一览表						
姓名	性别	年龄	单位	职务	职称	专业

专家论证意见：

签字栏	组长： 专家：

表 C. 2. 3

工程名称		编号	
		交底日期	
施工单位		分项工程名称	
交底摘要		页数	
交底内容：			
签字栏	交底人		审核人	
	接受交底人			

图纸会审记录   表 C. 2. 4

工程名称			编号	
			日期	
设计单位			专业名称	
地点			页数	
序号	图号	图纸问题	答复意见	
1				
2				
3				
4				
5				
6				
签字栏	建设单位	设计单位	监理单位	施工单位

设计变更通知单　　　　　　　　　　　　　　　　　　　　表 C. 2. 5

工程名称		编号	
		日期	
设计单位		专业名称	
变更摘要		页数	
序号	图号	变更内容	
1			
2			
3			
4			
5			
6			
7			
签字栏	建设单位	设计单位	监理单位	施工单位

工程洽商记录（技术核定单）　　　　　　　　　　　　　　表 C. 2. 6

工程名称		编号	
		日期	
设计单位		专业名称	
洽商记录		页数	
序号	图号	洽商内容	
签字栏	建设单位	设计单位	监理单位	施工单位

工程开工报审表   **表 C. 3. 1**

工程名称		施工编号	
		监理编号	
		日期	

致_____（监理单位）

我方承担的_____工作，已完成了以下各项工作，具备了开工条件，特申请施工，请核查并签发开工指令。

附件：

施工总承包单位（章）_____

项目经理_____

复查意见：

监理单位_____

总监理工程师_____

日期_____

工程复工报审表   **表 C. 3. 2**

工程名称		施工编号	
		监理编号	
		日期	

致_____（监理单位）

根据_____号《工程暂停令》，我方已按要求完成了以下各项工作，具备了开复工条件，特此申请，请核查并签发复工指令。

附件：具备复工条件的说明或证明

专业承包单位_____   项目经理/负责人_____

施工总承包单位_____   项目经理/负责人_____

复查意见：

经核查，施工方按要求进行了整改，具备复工条件，同意于   年   月   日复工。

监理单位_____

专业监理工程师_____

总监理工程师_____

日期_____

| | 施工进度计划报审表 | | 表 C. 3. 3 |

施工进度计划报审表　　　　　　　　　　　　　　　　表 C. 3. 3

工程名称		施工编号	
		监理编号	
		日期	

致＿＿＿＿＿＿＿＿＿＿（监理单位）
我方已根据施工合同的有关约定完成了　　　工程总／年第　　季度　　月份工程施工进度计划的编制，请予以审查。

附件：施工进度计划及说明

施工总承包单位（章）＿＿＿＿＿＿＿＿＿

项目经理＿＿＿＿＿＿＿＿＿

专业监理工程师审查意见：
经核查，本月施工进度满足总进度计划的要求。

专业监理工程师＿＿＿＿＿＿＿＿＿

日期＿＿＿＿＿＿＿＿＿

复查意见：

进度满足合同要求。

监理单位＿＿＿＿＿＿＿＿＿
总监理工程师＿＿＿＿＿＿＿＿＿
日期＿＿＿＿＿＿＿＿＿

表 C.3.4

_____年_____月人、机、料统计表

工程名称		编号	
		日期	

致_____（监理单位）

根据_____年_____月施工进度情况，我方现报上_____年_____月人、机、料统计表。

	工种	混凝土工	瓦工	木工	钢筋工	电工	水暖工	其他	合计
劳动力									

	机械名称	生产厂家	规格、型号	数量
主要机械	塔式起重机			
	搅拌机			
	卷扬机			
	水泵			
	振捣棒			

	名称	单位	上月库存量	本月进场量	本月消耗量	本月库存量
主要材料	水泥					
	钢材					
	木材					
	砌块					

附件：塔式起重机安检资料、特殊工种岗位证书复印件等。

施工单位_____
项目经理_____

表 C.3.5

工程延期申请表

工程名称		编号	
		日期	

致_____（监理单位）

根据施工合同_____条_____款的约定，由于_____的原因，我方申请工程延期，请予以批准。

附件：

1. 工程延期的依据及工期计算
2. 证明材料

专业承包单位_____　　　　　　　　项目经理/负责人_____

施工总承包单位_____　　　　　　　项目经理/负责人_____

工程款支付申请表 表 C. 3. 6

工程名称		编号	
		日期	

致_____（监理单位）

我方已完成_____工作，按照合同第_____条_____款的约定，建设单位应在_____年_____月_____日前支付该工程款共（大写）_____（小写：_____），现报上工程付款申请表，请予以审查并开具工程款支付书。

附件：

施工总承包单位（章）_____

项目经理_____

工程费用报审表 表 C. 3. 7

工程名称		施工编号	
		监理编号	
		日期	

致_____（监理单位）

兹申报工程第_____号工程变更单，申请费用见附表，请予以审查。

附表：工程费用变更费用计算书

专业承包单位_____ 项目经理/负责人_____

施工总承包单位_____ 项目经理/负责人_____

监理工程师审查意见：

监理工程师_____

日期_____

总监理工程师审查意见：

监理单位_____

总监理工程师_____

日期_____

费用索赔申请表   表 C.3.8

工程名称		编号	
		日期	

致_____（监理单位）
根据施工合同_____条_____款的约定，由于_____的原因，我方要求索赔金额（大写）_____，请予以批准。

附件：

专业承包单位_____   项目经理/负责人_____
施工总承包单位_____   项目经理/负责人_____

材料、构配件进场检验记录   表 C.4.1

工程名称				编号			
				检验日期			
序号	名称	规格型号	进场数量	生产厂家	外观检验项目	试件编号	备注
				质量证明编号	检验结果	复验编号	
1							
2							
3							
4							
5							

检查意见（施工单位）：

附表：

验收意见（监理/建设单位）：

验收日期：　　　　年　　　月　　　日

签字栏	施工单位		专业质检员	专业工长	检验员
	监理或建设单位			专业工程师	

设备开箱检验记录 表 C. 4. 2

			编号	
工程名称			检验日期	
设备名称		规格型号		
生产厂家		产品合格证编号		
总数量		检验数量		
进厂检验记录				
包装情况				
随机文件				
备件与附件				
外观情况				
测试情况				
缺、损附备件明细				
序号	附备件名称	规格	单位	数量	备注

检查意见（施工单位）：

验收意见（监理/施工单位）：

验收日期：　　年　　月　　日

签字栏	供应单位		责任人	
	施工单位		专业工长	
	监理或建设单位		专业工程师	

设备及管道附件试验记录   表 C. 4. 3

工程名称				编号		
使用部位				检验日期		
试验要求		强度及严密性试验				
设备/管道附件名称						
材质、型号						
规格						
试验数量						
试验介质						
工称或工作压力						
强度试验	试验压力					
	试验时间					
严密性试验	试验压力					
	试验时间					
签字栏	施工单位			专业质检员	专业工长	检验员
	监理或建设单位				专业工程师	

隐蔽工程验收记录　　　　　　　　　　　　　　　　　　　　　　　表 C. 5. 1

工程名称			编号	
隐蔽工程			隐蔽日期	
隐蔽部位				

隐蔽依据：施工图号_____，设计变更/商洽/技术核定单（编号_____）及有关国家现行标准等。
主要材料名称及规格/型号：

隐检内容：

检查结论：

复查结论：

复查人：_____复查日期：_____年_____月_____日

签字栏	施工单位		专业质检员	专业工长	检验员
	监理或建设单位			专业工程师	

施工检查记录 表 C. 5. 2

工程名称		编号	
		检查日期	
检查日期		检查项目	

检查依据:

检查内容:

检查结论:

复查结论:

复查人: _____ 复查日期: _____ 年 _____ 月 _____ 日

签字栏	施工单位		
	专业技术负责人	专业质检员	专业工长

交接检查记录 表 C.5.3

工程名称		编号	
		检查日期	
移交单位		见证单位	
交接部位		接收单位	

交接内容：

检查结论：

复查结论：

复查人：＿＿＿＿＿＿复查日期：＿＿＿＿＿年＿＿＿＿＿月＿＿＿＿＿日

见证意见：

签字栏	移交单位	接收单位	见证单位

工程定位测量记录　　　　　　　　表 C.5.4

工程名称		编号	
		图纸编号	
委托单位		施测日期	
复测日期		平面测量依据	
高程依据		使用仪器	
允许偏差		仪器校验日期	

定位抄测示意图：

复测结果：

签字栏	施工单位		测量人员岗位证书号		专业技术负责人	
	施工测量负责人		复测人		试测人	
	监理或建设单位				专业工程师	

基槽验线记录　　　　　　　　表 C.5.5

工程名称		编号	
		日期	

验线依据及内容：

基槽平面简图：

检查意见：

签字栏	施工单位		专业技术负责人	专业质检员	施测人
	监理或建设单位			专业工程师	

楼层平面放线记录　　　　表 C. 5. 6

工程名称		编号	
放线部位		日期	

放线依据及内容：

放线简图：

检查意见：

签字栏	施工单位		专业技术负责人	专业质检员	施测人
	监理或建设单位			专业工程师	

建筑物垂直度、标高观测记录　　　　表 C. 5. 7

工程名称		编号	
施工阶段		观测阶段	

观测说明（附观测示意图）：

垂直度测量（全高）		标高测量（全高）	
观测部位	实测偏差（mm）	观测部位	实测偏差（mm）

结论：

签字栏	施工单位		专业技术负责人	专业质检员	施测人
	监理或建设单位			专业工程师	

地基验槽记录 表 C.5.8

工程名称			编号	
验槽部位			验槽日期	
依据：				
验槽内容：				
检查结论：				
签字公章栏	施工单位	勘察单位	设计单位	监理单位	建设单位
	（公章）	（公章）	（公章）	（公章）	（公章）

地下工程防水效果检查记录 表 C.5.9

工程名称			编号	
检查部位			检查日期	
检查方法及内容：				
检查结论：				
复查结论：				
		复查人：_____ 复查日期：_____年_____月_____日		
签字栏	施工单位		专业技术负责人	专业质检员	专业工长
	监理或建设单位			专业工程师	

防水工程试用检查记录　　　　表 C. 5. 10

工程名称				日期	
检查日期				检查部位	
检查方式	□第一次蓄水	□第二次蓄水		蓄水时间	
		□淋水	□雨期观察		

检查方法及内容：

检查结论：

复查结论：

复查人：＿＿＿＿＿＿＿复查日期：＿＿＿年＿＿月＿＿日

签字栏	施工单位		专业技术负责人	专业质检员	专业工长
	监理或建设单位			专业工程师	

通风（烟）道、垃圾道检查记录　　　　表 C. 5. 11

工程名称				编号	
				检查日期	

检查部位	检查部位及检查结果					检查人	复查人
	主烟（风）道口		副烟（风）道口		垃圾道		
	烟道	风道	烟道	风道			

签字栏	施工单位			
	专业技术负责人	专业质检员		专业工长

设备单机试运转记录 表 C.6.1

工程名称			编号	
			试运转时间	
设备名称			设备编号	
规格型号			额定数据	
生产厂家			设备所在系统	
序号	试验项目		试验记录	试验记录
1				
2				
3				
4				
5				
6				
试运转结论:				
签字栏	施工单位		专业技术负责人	专业质检员	专业工长
	监理或建设单位			专业工程师	

系统试运转调试记录 表 C.6.2

工程名称			编号	
			试运转调试时间	
试运转调试项目			试运转调试部位	
试运转调试内容:				
试运转调试结论:				
签字栏	施工单位		专业技术负责人	专业质检员	专业工长
	监理或建设单位			专业工程师	

接地电阻测试记录　　　　　　　　　　　　　　表 C. 6. 3

工程名称				编号		
				测试时间		
仪表型号			天气情况		气温（℃）	
接地类型	□防雷接地　　□计算机接地　　□工作接地 □保护接地　　□放静电接地　　□逻辑接地 □重复接地　　□综合接地　　　□医疗设备接地					
设计要求	□≤10Ω　　　□≤4Ω　　　　□≤1Ω □≤0.1　　　□≤　Ω					
试测部位：						
试测结论：						
签字栏	施工单位					
	专业技术负责人	专业质检员		专业工长	专业测试人	
	监理或建设单位			专业工程师		

绝缘电阻测试记录　　　　　　　　　　　　　　表 C. 6. 4

工程名称						编号			
						测试日期			
测量单位						天气情况			
仪表型号				电压		环境温度			
层数	箱盘编号	回路号	相间			相对零			相对地			零对地
			L1-L2	L2-L3	L3-L4	L1-N	L2-N	L3-N	L1-PE	L2-PE	L3-PE	N-PE
测试结论：												
签字栏	施工单位											
	专业技术负责人		专业质检员			专业工长			测试人			
	监理或建设单位						专业工程师					

砌筑砂浆试块强度统计、评定记录 表 C.6.5

项目名称				编号	
				强度等级	
施工单位				养护方法	
统计期				结构部位	
试块组数 n	强度标准 f_2（MPa）	平均值 $f_{2,m}$（MPa）	最小值 $f_{2,min}$（MPa）		$0.75f_2$

每组强度值（MPa）						
判定式	$f_{2,m} \geq f_2$			$f_{2,min} \geq 0.75f_2$		
结果						

签字栏	批准	审核	统计
	报告日期		

结构实体混凝土强度检测记录 表 C.6.6

工程名称				编号	
				结构类型	
施工单位				验收日期	
强度等级	试件强度代表值（MPa）			强度评定结果	监理/建设单位验收结果

结论：

签字栏	项目专业技术负责人	专业监理工程师 或建设单位项目专业技术负责人

结构实体钢筋保护层厚度检验记录　　表 C.6.7

工程名称						编号		
						结构类型		
施工单位						验收日期		
构件类别	序号	钢筋保护层厚度（mm）			合格点率	强度评定结果	监理/建设单位验收结果	
		设计值	实测值					
梁	1							
	2							
	3							
板	1							
	2							
	3							
结论：								
签字栏	项目专业技术负责人				专业监理工程师 或建设单位项目专业技术负责人			

＿＿＿＿＿检验批质量验收记录　　表 C.7.1

工程名称													
分项工程名称						验收部位							
施工总承包单位				项目经理					专业工长				
专业承包单位				项目经理					施工班组长				
施工执行标准 名称及编号													
质量验收规范的规定			施工单位检查评定记录						监理/建设单位验收记录				
主控项目	1												
	2												
一般项目	1												
	2												
	3												
	4	项目	允许偏差（mm）	实测偏差（mm）									
				1	2	3	4	5	6	7	8	9	10
施工单位检查评定结果：													
			质量检查员：					年　　月　　日					

115

_____分项工程质量验收记录　　　　　　　　　　表 C.7.2

工程名称		结构类型		检验批数	
施工总承包单位		经理		项目技术负责人	
专业承包单位		单位负责人		项目经理	
序号	检验批名称及部位、区段		施工单位检查评定记录	监理或建设单位验收意见	
说明：					
检查结论			验收结论		

_____分项工程质量验收记录　　　　　　　　　　表 C.7.3

工程名称		结构类型		层数	
施工总承包单位		技术部门负责人		质量部门负责人	
专业承包单位		专业承包单位负责人		专业承包单位技术负责人	
序号	分项工程名称	检验批数	施工单位检查评定	验收意见	
质量控制资料					
安全和功能检验（检测）报告					
观感质量验收					
验收单位	专业承包单位	项目经理：　　　　　　　　　　年　　月　　日			
	施工总承包单位	项目经理：　　　　　　　　　　年　　月　　日			
	勘察单位	项目负责人：　　　　　　　　　年　　月　　日			
	设计单位	项目负责人：　　　　　　　　　年　　月　　日			
	监理单位或建设单位	总监理工程师或建设单位项目专业负责人：　　　　　　　　　年　　月　　日			

建筑节能部分工程质量验收记录 表 C. 7. 4

工程名称			结构类型及层数		
施工总承包单位		技术部门负责人		质量部门负责人	
专业承包单位		专业承包单位负责人		专业承包单位 技术负责人	

序号	分项工程名称	验收结论	监理工程师签字	备注

质量控制资料			
外墙节能构造 现场实体检验			
外窗气密性 现场实体检验			
系统节能 性能检测			

验收结论：

其他参加验收人员：

验收单位	专业承包单位	施工总承包单位	设计单位	监理或建设单位

单位（子单位）工程竣工预验收报验表 表 C. 8. 1

工程名称		编号	

致_____（监理单位）

我方已按合同要求完成了_____工程，经自检合格，请予以检查和验收。
附件：竣工验收有关资料

施工总承包（章）：_____

项目经理：_____

日期：_____

审查意见：

监理单位：_____

总监理工程师：_____

日期：_____

单位（子单位）工程质量竣工验收记录　　　　　表 C. 8. 2. 1

工程名称			结构类型		层数/建筑面积	
施工单位			技术负责人		开工日期	
项目经理			项目技术负责人		竣工日期	
序号	项目			验收记录	验收结论	
1	分部工程					
2	质量控制资料核查					
3	安全和主要使用功能核查和抽查结果					
4	观感质量验收					
5	综合验收结论					
参加验收单位	建设单位	监理单位		施工单位	设计单位	
	（公章） 单位（项目）负责人： 年 月 日	（公章） 总监理工程师： 年 月 日		（公章） 单位技术负责人： 年 月 日	（公章） 单位（项目）负责人： 年 月 日	

单位（子单位）工程质量控制资料核查记录　　　　　表 C. 8. 2. 2

工程名称			施工单位		
序号	项目	资料名称	份数	核查意见	核查人
1	建筑与结构	图纸会审、设计变更通知单、工程洽商记录			
2		工程定位测量、放线记录			
3		原材料出厂合格证书及进场检（试）验报告			
4		施工试验报告及见证检测报告			
5		隐蔽工程验收记录			
6		施工记录			
7		预制构件、预拌混凝土合格证			
8		地基、基础、主体结构检验及抽样检测资料			
9		分项、分部工程质量验收记录			
10		工程质量事故及事故调查处理资料			
11		新材料、新工艺施工记录			
1	给排水与采暖	图纸会审、设计变更通知单、工程洽商记录			
2		材料、配件、设备出厂合格证及进场检（试）验报告			
3		管道、设备强度试验和严密性试验记录			
4		隐蔽工程验收记录			
5		系统清洗、灌水、通水、通球试验记录			
6		施工记录			
7		分项、分部工程质量验收记录			
1	建筑电气	图纸会审、设计变更通知单、工程洽商记录			
2		材料、配件、设备出厂合格证及进场检（试）验报告			
3		设备调试记录			
4		接地、绝缘电阻测试记录			
5		隐蔽工程验收记录			
6		施工记录			
7		分项、分部工程质量验收记录			

工程名称			施工单位		
序号	项目	资料名称	份数	核查意见	核查人
1	通风与空调	图纸会审、设计变更通知单、工程洽商记录			
2		材料、配件、设备出厂合格证及进场检（试）验报告			
3		制冷、空调、水管道强度试验及严密性试验记录			
4		隐蔽工程验收记录			
5		制冷设备运行调试记录			
6		通风、空调系统调试记录			
7		施工记录			
8		分项、分部工程质量验收记录			
1	电梯	图纸会审、设计变更通知单、工程洽商记录			
2		设备出厂合格证书及开箱检验记录			
3		隐蔽工程验收记录			
4		施工记录			
5		接地、绝缘电阻测试记录			
6		负荷试验、安全装置检查记录			
7		分项、分部工程质量验收记录			
1	智能建筑	图纸会审、设计变更、工程洽商记录、竣工图及设计说明			
2		材料、设备出厂合格证，技术文件及进场检（试）验报告			
3		隐蔽工程验收记录			
4		系统功能测定及设备调试记录			
5		系统技术、操作和维护手册			
6		系统管理、操作人员培训记录			
7		系统检测报告			
8		分项、分部工程质量验收记录			

结论：

施工总承包单位项目经理：　　　　　　　　　　总监理工程师或建设单位项目负责人：

　　　　　　　年　　月　　日　　　　　　　　　　　　　年　　月　　日

单位（子单位）工程安全和功能检验资料核查及主要功能抽查记录　　**表 C.8.2.3**

工程名称			施工单位			
序号	项目	安全和功能检查项目	份数	核查意见	抽查结果	核查（抽查）人
1	建筑与结构	屋面淋水试验记录				
2		地下室防水效果检查记录				
3		有防水要求的地面蓄水试验记录				
4		建筑物垂直度、标高、全高测量记录				
5		抽气（风）道检查记录				
6		幕墙及外窗气密性、水密性、耐风压检测报告				
7		建筑物沉降观测测量记录				
8		节能、保温测试记录				
9		室内环境检测报告				
1	给水排水与采暖	给水管道通水试验记录				
2		暖气管道、散热器压力试验记录				
3		卫生器具满水试验记录				
4		消防管道压力试验记录				
5		排水干管通球试验记录				
1	建筑电气	照明全负荷试验记录				
2		大型灯具牢固性试验记录				
3		避雷接地电阻测试记录				
4		线路、插座、开关接地检验记录				
1	通风与空调	通风、空调系统试运行记录				
2		风量、温度测试记录				
3		洁净室洁净度测试记录				
4		制冷机组试运行调试记录				
1	电梯	电梯运行记录				
2		电梯安全装置检测报告				
1	智能建筑	系统试运行记录				
2		系统电源及接地检测报告				

结论：

施工总承包单位项目经理：　　　　　　　　　　　总监理工程师或建设单位项目负责人：

　　　　　　　　年　　月　　日　　　　　　　　　　　　　　年　　月　　日

单位（子单位）工程观感质量检查记录　　　　　　表 C.8.2.4

工程名称									施工单位				
序号	项目		抽查质量状况								质量评价		
											好	一般	差
1	建筑与结构	室外墙面											
2		变形缝											
3		水落管、屋面											
4		室内墙面											
5		室内顶棚											
6		室内地面											
7		楼梯、踏步、护栏											
8		门窗											
1	给水排水采暖与燃气	管道接口、坡度、支架											
2		卫生器具、支架、阀门											
3		检查口、扫除口、地漏											
4		散热器、支架											
5		管道穿墙、板套管											
1	建筑电气	配电箱、盘、板、接线盒											
2		设备器具、开关、插座											
3		防雷、接地											
1	通风与空调	风管、支架											
2		风口、风阀											
3		风机、空调设备											
4		阀门、支架											
5		水泵、冷却塔											
6		绝热											
1	电梯	平行、平层、开关门											
2		层门、信号系统											
3		机房											
1	智能建筑	机房设备安装及布局											
2		现场设备安装											
	观感质量综合评价												

检查结论	结论： 施工总承包单位项目经理：　　　　　　总监理工程师或建设单位项目负责人： 　　　　　年　月　日　　　　　　　　　　年　月　日

思考与练习

1. 施工管理资料都包含哪些文件资料，分别由哪些建设相关单位提供，应在哪些单位进行保存，如何保存？

2. 什么是工程概况表，具体包括哪些内容？

3. 分包单位资质审查的内容有哪些？

4. 施工技术资料都包含哪些文件资料，分别由哪些建设相关单位提供，应在哪些单位进行保存，如何保存？

5. 进度造价资料都包含哪些文件资料，分别由哪些建设相关单位提供，应在哪些单位进行保存，如何保存？

6. 建筑工程具备哪些条件时，施工单位可以编写工程开工报告？

7. 什么是隐蔽工程？

8. 分部工程质量验收主要包括哪些内容？

单元5 框剪结构建筑竣工图及工程竣工文件 (D、E类)

【知识目标】 了解竣工图的相关概念；掌握竣工图的分类、来源及保存方式；熟悉竣工图的编制要求；熟悉竣工图的绘制方法和要求；熟悉竣工图章的编制；掌握工程竣工文件的分类、来源及保存方式；熟悉各类工程竣工文件的编制；熟悉竣工验收资料的编制。

【能力目标】 能够掌握框剪结构建筑竣工图及工程竣工文件的编制与整理。

【素质目标】 增强学生的记忆理解能力。

任务1 竣工图（D类）

一、竣工图概述

竣工图是真实记录建设工程项目施工结果的图样。一般情况下，设计单位在施工图设计完成后，将其交付给施工单位组织实施，施工单位在施工过程中均会对原设计进行一些变更与修改，因此，在各项新建、改建、扩建工程竣工之后必须编制竣工图。

竣工图是建筑工程竣工档案的重要组成部分，是工程竣工验收的必备条件之一，也是工程维修、管理、改建和扩建的依据。

竣工图可由建设单位负责绘制，也可由建设单位委托施工单位、监理单位或设计单位实施。

二、竣工图的分类、来源与保存

竣工图按单位工程，根据专业、系统进行分类和管理。表5-1所示为竣工图文件资料的分类、来源及保存方式。

竣工图文件资料的类别、来源及保存 　　　　　　　　　　表5-1

工程资料类别	工程资料名称			工程资料来源	工程资料保存			
					施工单位	监理单位	建设单位	城建档案馆
D类	竣工图							
D类	竣工图	建筑与结构竣工图	建筑竣工图	编制单位	●		●	●
			结构竣工图	编制单位	●		●	●
			钢结构竣工图	编制单位	●		●	●
		建筑装饰与装修竣工图	幕墙竣工图	编制单位	●		●	●
			室内装饰竣工图	编制单位	●		●	
		建筑给水、排水与采暖竣工图		编制单位	●		●	●

123

续表

工程资料类别	工程资料名称		工程资料来源	工程资料保存			
				施工单位	监理单位	建设单位	城建档案馆
D类	竣工图	建筑电气竣工图	编制单位	●		●	●
		智能建筑竣工图	编制单位	●		●	●
		通风与空调竣工图	编制单位	●		●	●
		室外工程竣工图	室外给水、排水、供热、供电、照明管线等竣工图	编制单位	●		●	●
			室外道路、园林绿化、花卉、喷泉等竣工图	编制单位	●		●	●
	D类其他资料						

三、竣工图的编制要求

竣工图的编制应符合以下几项要求：

(1) 竣工图应真实反映竣工工程的实际情况。

(2) 竣工图的专业类别应与施工图对应。

(3) 竣工图应依据施工图、图纸会审记录、设计变更通知单、工程洽商记录等编制。

(4) 竣工图的编制应符合国家现行有关标准的规定。

(5) 凡是施工中按图施工没有变更的工程，可以以施工图作为竣工图，并由竣工图编制单位在原施工图图签附近空白处加盖"竣工图"印章后方可作为竣工图。

施工中有一般性设计变更，可由编制单位负责在原施工图新蓝图上加以修改补充，但修改后需要标明变更修改依据，注明变更或洽商编号，加盖修改专用章和"竣工图"印章后作为竣工图。

凡遇到重大改变或变更部分超过原图的 1/3，或结构形式、工艺、平面布置、项目等发生了重大改变或变更部分不能在原施工图上改绘的，应重新绘制竣工图，加盖竣工图章。

(6) 编制竣工图时，必须编制各专业竣工图的图纸目录，作废的图纸在目录上划掉，补充的图纸必须在目录上列出图名和图号，并加盖竣工图章和由相关人员亲自签名。

(7) 用于改绘竣工图的图纸不得使用复印的图纸。

(8) 竣工图编制单位应按照国家建筑制图规范要求绘制竣工图，使用绘图笔或签字笔及不褪色的绘图墨水。

四、竣工图的绘制方法和要求

竣工图有以下 4 种绘制方法：利工施工蓝图改绘、利用翻晒硫酸纸底图改绘、重新绘制，以及利用电子版施工图改绘。

(一) 利工施工蓝图改绘竣工图

在施工蓝图上改绘竣工图，一般可采用杠（划）改法或叉改法。局部修改可圈出更改部位，在原图空白处绘出更改内容。所有变更处都必须画索引线并注明更改依据。

常见的改绘方法说明如下：

1. 取消内容

尺寸、门窗型号、设备型号、灯具型号、钢筋型号和数量、注解说明等数字、文字、符号的取消，可采用杠改法，即将要取消的数字、文字、符号等用横杠杠掉，从修改的位置引出带箭头的索引线，在索引线上注明修改依据。

隔墙、门窗、钢筋、灯具、设备等的取消，可采用叉改法和杠改法，即将要取消的部分在图上打"×"，若需取消的部分较长，可视情况打多个"×"，并从图上修改处以箭头索引线引出，注明修改依据。

2. 增加设计内容

在建筑物的某一部位增加隔墙、门窗、灯具、设备、钢筋等，均应在图上绘出，并注明修改依据。与此同时，改绘部分剖面图及其他图纸中相应部分应同时进行改绘。

若增加的内容在原位置绘不清楚，则应在本图空白处按需要补绘大样图；若本图上无可绘位置时，应另外硫酸纸绘补图，并晒成蓝图，或用绘图仪绘制白图后附在本专业图纸之后。此时，应注意在原修改位置和补绘图纸上均注明修改依据，补图要有图名和图号。

3. 修改设计内容

数字、符号或文字的变更，可在图上用杠改法将取消的内容杠去，在其附近空白处增加更改后的内容，并注明修改依据。

设备配置位置、灯具、开关型号等变更引起的改变，墙、板、内外装修等变化均应在原图上改绘。

若图纸某部位变化较大或在原位置上改绘困难，可以采用下列方法改绘：

（1）画大样改绘，即在原图上标出应修改部分的范围后，在需要修改的图纸上绘出修改部位的大样图，并在原图改绘范围和改绘的大样图处注明修改依据。

（2）另绘补图修改，即把应改绘部位绘制硫酸纸补图，晒成蓝图后，作为竣工图纸补在本专业图纸之后，具体方法是：在原图纸上画出修改范围，并注明修改依据和见某图（图号）及大样图名，并在补图上注明图号和图名，同时注明是某图（图号）某部位的补图和修改依据。

（3）重新绘制竣工图，若某张图纸不能清楚地进行修改时，则应重新绘制整张图作为竣工图。

4. 添加说明

设计变更、洽商记录的内容应在竣工图上修改的，均应用绘图方法改绘在蓝图上，不必再加说明。如果修改后的图纸仍然有内容无法表示清楚，可用精炼的语言适当加以说明。

其主要表现在以下几个方面：

（1）图上某种设备型号等内容的改变涉及多处修改时，要对所有涉及的地方全部加以改绘，其修改依据可标注在一个修改处，但必须在此处加以简单说明。

（2）混凝土强度等级的改变，墙、板、内外装修材料的变化等难以用图示方法表达清楚时，可加注或用索引的形式加以说明。

（3）涉及说明类型的洽商记录，应在相应的图纸上使用设计规范用语反映洽商内容。

（二）利用翻晒硫酸纸底图改绘竣工图

在原硫酸纸图上依据设计变更、工程洽商等内容用刮改法进行绘制，即用刀片将需要修改的部位刮掉，再用绘图笔绘制修改内容，并在图中空白处做修改内容备注表，注明变更、洽商编号和修改内容，晒成蓝图。

若修改的部位用语言描述不清楚，可用细实线在图上画出修改范围。修改后的硫酸纸图应加盖竣工图章，没有改动的底图做竣工图也应加盖竣工图章。

（三）重新绘制竣工图

若需要重新绘制竣工图，则新图应与原图比例相同，符合相关的制图标准和竣工图的要求，并有标准的图框和内容齐全的图签，图签中应有明确的"竣工图"字样或加盖竣工图章。

（四）利用电子版施工图改给竣工图

在电子版施工图上依据设计变更、工程洽商记录的内容进行修改时，需用云线圈出修改部位，并在图中空白处做修改备考表，出图后，由原设计人员签字，加盖竣工图章。

五、竣工图章

竣工图章的基本内容包括"竣工图"字样、施工单位、编制人、审核人、技术负责人、编制日期、监理单位、总监、现场总监等，图章尺寸为 50mm×80mm。

所有竣工图均应由编制单位逐张加盖竣工图章，并签字。竣工图章签名必须齐全，不得代签。由设计单位编制的竣工图，其设计图签中应明确竣工阶段，并由绘制人和技术负责人在设计图签上签字。

竣工图章应加盖在图签附近的空白处，并应使用不易褪色的印泥。

任务2 工程竣工文件（E类）

一、工程竣工文件的分类、来源与保存

工程竣工文件按单位工程，根据专业、系统进行分类和管理。表 5-2 为竣工图文件资料的分类、来源及保存方式。

工程竣工文件资料的类别、来源及保存   表 5-2

工程资料类别	工程资料名称		工程资料来源	工程资料保存			
				施工单位	监理单位	建设单位	城建档案馆
E类	工程竣工文件						
E1类	竣工验收文件	单位（子单位）工程质量竣工验收 **	施工单位	●	●	●	●
		勘察单位工程质量检查报告	勘察单位	○	●	●	●
		设计单位工程质量检查报告	设计单位		●	●	
		工程竣工验收报告	建设单位	○	●	●	
		规划、消防、环保等部门出具的认可文件或准许使用文件	政府主管部门			●	
		房屋建筑工程质量保修书	施工单位		●	●	●
		住宅质量保证书、住宅使用说明书	建设单位	○		●	
		建筑工程竣工验收备案表	建设单位	○		○	

工程资料类别		工程资料名称	工程资料来源	工程资料保存			
				施工单位	监理单位	建设单位	城建档案馆
E2 类	竣工决算文件	施工决算资料*	施工单位	●	●	●	●
		监理费用决算资料*	监理单位	○	○		
E3 类	竣工交档文件	工程竣工档案预验收意见	城建档案管理部门	●	●	●	●
		施工资料移交书*	施工单位	○	●	●	
		监理资料移交书*	监理单位	●	●	●	
		城市建设档案移交书	建设单位	●	●	●	
E4 类	工程总结文件	工程竣工总结	建设单位	○	○	●	
		竣工新貌影像资料	建设单位	○	○	●	
E 类其他资料							

二、勘察（或设计）单位工程质量检查报告

勘察（或设计）单位工程质量检查报告由勘察单位（或设计单位）根据相关法规、规范、标准，勘察、设计文件，图纸会审、设计变更文件等编写。

其内容主要包括勘察、设计变更情况，设计意图的实现情况，工程验收意见，质量事故件数、发生日期、处理方案执行情况等。

三、工程竣工验收报告

建设单位组织工程竣工验收组对工程进行竣工验收，在认为工程合格的基础上，应综合各参建方的档案和报告内容，按工程竣工验收的规定写出工程竣工验收报告，作为工程竣工验收备案的主要文件。

工程竣工验收报告主要包括以下几个方面的内容：①工程基本情况；②建设单位执行基建程序的情况；③对参建各方质量行为的评价；④单位工程质量综合评定文件；⑤建设、监理、勘察、设计、施工分别签署的质量合格文件及验收人员签署的竣工验收原始文件的说明和质量评估；⑥附带工程验收备案管理部门认为需要提供的有关资料；⑦竣工验收的时间、内容和组织形式；⑧其他需要补充说明的问题。

四、规划、消防、环保等部门出具的认可文件或准许使用文件

建设工程完工后，在竣工验收前，应由规划、消防、环保等部门进行专项验收，验收合格后，规范、消防、环保等部门应给建设单位出具认可文件或准许使用文件。

五、住宅质量保证书

住宅质量保证书是房地产开发企业将新建成的房屋出售给购买人时，针对房屋质量向

购买者做出承诺保证的书面文件。房地产开发企业应依据住宅质量保证书上约定的房屋质量标准承担维修、补修的责任。

房地产开发企业在住宅质量保证书中注明的保修内容和保修期限不得低于国家规定，保修期从房地产开发企业将房屋交付给购房者之日起算，在办理房屋交付和验收时，必须有购房者对房屋设备设施正常使用的签字确认。

房屋保修一般由房地产开发企业亲自负责维护和处理，如果房地产开发企业委托物业管理公司等其他单位负责保修，则须在住宅质量保证书中对所委托的单位予以明示，保证购房者的权益得到切实的保护。

六、住宅使用说明书

住宅使用说明书应对住宅的结构、性能和各部位（部件）的类型、性能、标准等作出说明，写明使用注意事项，具体包含以下几个方面的内容：

（1）房屋的结构类型。

（2）房屋装修、装饰注意事项。

（3）给水、排水、电、燃气、热力、通信、消防等设施配置的说明。

（4）有关设施、设备安装预留位置的说明和安装注意事项。

（5）门、窗类型及其使用注意事项。

（6）配电负荷。

（7）承重墙、保温墙、防水层、阳台等部位注意事项的说明。

（8）其他需要说明的问题。

房地产开发企业在住宅使用说明书中对住户合理使用住宅应有提示，因用户使用不当或擅自改动结构、设备位置和不当装修等造成的质量问题，房地产开发企业不承担保修责任，若因上述行为造成房屋质量受损或其他用户损失，由责任人承担相应责任。

七、建筑工程竣工验收备案表

建筑工程竣工验收备案是建设单位在建设工程竣工验收后，将建设工程竣工验收报告和规划、消防、环保等部门出具的认可文件或准许使用文件报建设行政主管部门审核的过程。

建设单位应当自建设工程竣工验收合格之日起 15 日内进行建设工程竣工验收备案，并填写建设工程竣工验收备案表。

建设工程竣工验收备案表一式两份，一份由建设单位保存，一份交留备案机关存档。

八、工程竣工档案预验收意见

在组织工程竣工验收前，建设单位应当向市城建档案馆提出工程竣工档案预验收申请，将工程竣工档案资料送到市城建档案馆，由市城建档案馆组织工程竣工档案预验收，验收合格后，出具工程竣工档案预验收意见。建设单位取得工程竣工档案预验收认可意见后，方可组织工程竣工验收。

九、城市建设档案移交书

城市建设档案移交书是竣工档案进行移交的凭证。凡列入城建档案馆接收范围的工程档案，竣工验收通过后 3 个月内，建设单位将汇总后的全部工程档案移交城建档案馆并办理移交手续。

推迟报送日期，应在规定报送的时间内向城建档案馆申请延期报送，并申明延期报送原因，经同意后办理延期报送手续。表 5-3 为城市建设档案移交书。

十、工程竣工总结

工程竣工总结是建筑工程的综合性或专题性总结的文字材料，应由建设单位负责组织相关单位编制，一般包括以下几个方面的内容：①根据工程的特点和难点，进行项目质量、进度、合同、成本和综合控制等管理方面的总结；②工程采用的新技术、新产品、新工艺和新材料等工程技术方面的总结；③工程实施过程中各种经验和教训的总结。

十一、竣工新貌影像资料

建设工程竣工后，建设单位应对建设工程的新貌留存影像并存档。

城市建设档案　　　　　　　　　　　　　　　　　　　　　　表 5-3

工程名称		编号	
致＿＿＿＿＿＿＿＿（城建档案馆） 我方现将＿＿＿＿＿＿＿＿工程的档案移交给贵方，共计＿＿＿＿＿册，其中：图样材料＿＿＿＿＿册，文件材料＿＿＿＿＿册，其他材料＿＿＿＿＿张。 附： 1、城市建设档案移交目录一式＿＿＿＿＿份，共＿＿＿＿＿张。 2、完整档案＿＿＿＿＿套。 移交单位：＿＿＿＿＿＿＿＿ 负责人：＿＿＿＿＿＿＿＿ 日期：＿＿＿＿＿＿＿＿.			
接收单位审查意见： 接收单位：＿＿＿＿＿＿＿＿ 接收人：＿＿＿＿＿＿＿＿ 日期：＿＿＿＿＿＿＿＿			

思考与练习：

1. 建筑与结构竣工图都包含哪些文件资料，由哪些建设相关单位提供，应在哪些单位进行保存，如何保存？

2. 室外工程竣工图都包含哪些文件资料，由哪些建设相关单位提供，应在哪些单位进行保存，如何保存？

3. 简述利用施工蓝图改绘竣工图的几种方法。

4. 竣工图章主要包含哪些内容？

5. 竣工验收文件都包含哪些文件资料，分别由哪些建设相关单位提供，应在哪些单位进行保存，如何保存？

6. 简述工程竣工验收报告的主要内容。

7. 什么是住宅使用说明书，其主要包含哪些方面的内容？

8. 什么是建筑工程竣工验收备案？

9. 工程竣工总结主要包含哪些方面的内容？

单元 6　框剪结构建筑工程施工质量验收

【知识目标】　掌握建筑工程施工质量验收术语及基本规定；熟悉建筑工程施工质量验收规范及实施方法；掌握建筑工程质量验收的划分原则；掌握建筑工程质量验收的标准与方法；熟悉建筑工程质量验收程序及组织。

【能力目标】　能够掌握框剪结构建筑工程施工质量验收文件的编制与整理。

【素质目标】　增强学生的记忆理解能力。

任务 1　建筑工程施工质量验收术语及基本规定

一、术语

（一）建筑工程

建筑工程是为新建、改建或扩建房屋建筑物和附属构筑物设施所进行的规划、勘察、设计和施工、竣工等各项技术工作和完成的工程实体。

（二）建筑工程质量

建筑工程质量是反映建筑工程满足相关标准规定或合同约定的要求，包括其在安全、使用功能及其在耐久性能、环境保护等方面所有明显和隐含能力的特性总和。

（三）验收

验收即建筑工程在施工单位自行质量检查评定的基础上，参与建设活动的有关单位共同对检验批、分项、分部、单位工程的质量进行抽样复验，根据相关标准以书面形式对工程质量达到合格与否作出确认。

（四）进场验收

进场验收就是对进入施工现场的材料、构配件、设备等按相关标准规定要求进行检验，对产品达到合格与否作出确认。

（五）检验批

检验批是按同一生产条件或按规定的方式汇总起来供检验用的，由一定数量样本组成的检验体。检验批分为原材料、设备及分项工程内一定量的工程内容。

（六）检验

检验就是对检验项目的性能进行量测、检查、试验等，并将结果与标准规定要求进行比较，以确定其每项性能是否合格所进行的活动。

（七）见证取样检验

见证取样检验就是在监理单位或建设单位的监督下，由施工单位有关人员现场取样，并送至具备相应资质的检测单位所进行的检测。

(八) 交接检验

交接检验是指由施工的承接方与完成方经双方检查并对可否继续施工作出确认的活动。它有 3 个作用，即检查上道工序的质量状况，保证本道工序质量的方法和措施，方便下道工序施工的配合措施，并将检查结果经监理工程师或建设单位负责人确认，形成文字记录。

(九) 主控项目

主控项目是指在建筑工程中，对安全、卫生、环境保护和公共利益起决定性作用的检验项目。

(十) 一般项目

一般项目指主控项目以外的检验项目。

(十一) 抽样检验

抽样检验是指按照规定的抽样方案，随机地从进场的材料、构配件、设备或建筑工程检验项目中，按检验批抽取一定数量的样本所进行的检验。

(十二) 抽样方案

抽样方案是指根据检验项目的特性所确定的抽样数量和方法。

(十三) 计数检验

计数检验是指在抽样的样本中，记录每一个体有某种属性或计算每一个体中的缺陷数目的检查方法。

(十四) 计量检验

计量检验是指在抽样检验的样本中，对每一个体测量其某个定量特性的检查方法。

(十五) 观感质量

观感质量是指通过观察和必要的量测所反映的工程外在质量。

(十六) 返修

返修是指对不符合标准规定的部位采取整修等措施。

(十七) 返工

返工是指对不合格的工程部位采取的重新制作、重新施工等措施。

二、验收基本规定

(一) 施工现场质量管理规定

施工现场质量管理应有相应的施工技术标准，健全的质量管理体系、施工质量检验制度和综合施工质量水平评定考核制度。

施工单位应推行全过程质量控制，应有健全的生产控制和合格控制的质量管理体系。施工单位还应通过内部的审核与管理者的评审，找出质量管理体系中存在的问题和薄弱环节，并制订改进的措施和跟踪检查落实等措施，使单位的质量管理体系不断健全和完善，从而使施工单位的建筑工程施工质量得到不断的提高。

与此同时，施工单位应重视综合质量控制水平，从施工技术、管理制度和工程质量控制等方面制订对施工企业综合质量控制水平的指标，以达到提高整体素质和经济效益的目的。

(二) 施工质量控制规定

1. 材料、设备、构配件的检验

建筑工程采用的主要材料、半成品、成品、建筑构配件、器具和设备应进行现场验收，凡涉及安全、功能的有关产品，应按各专业工程质量验收规范、规定进行复验，并应经监理工程师检查认可。

2. 工序自检

各工序应按施工技术标准进行质量控制，每道工序完成后，应进行自检。

3. 工序交接检

相关专业工程之间应进行交接检验，并形成记录。未经监理工程师检查认可，不得进行下道工序施工。

（三）施工质量验收规定

建筑工程施工质量应按以下要求进行验收：

（1）建筑工程质量应符合本标准和相关专业验收规范的要求。

（2）建筑工程施工应符合工程勘察、设计文件的要求。

（3）参加工程施工质量验收的各方人员应具备规定的资格。

（4）工程质量的验收均应在施工单位自行检查评定的基础上进行。

（5）隐蔽工程在隐蔽前应由施工单位通知有关单位进行验收，并应形成验收文件。

（6）涉及结构安全的试块、试件及有关材料，应按规定进行见证取样检测。

（7）检验批的质量应按主控项目和一般项目验收。

（8）对涉及结构安全和使用功能的重要分部工程应进行抽样检测。

（9）承担见证取样检测及有关结构安全检测的单位应具有相应资质。

（10）工程的观感质量应由验收人员通过现场检查，并应共同确认。

（四）检验批抽样方案

检验批的质量检验，应根据检验项目的特点在以下抽样方案中选择：

（1）计量、计数或计量—计数等抽样方案。

（2）一次、两次或多次抽样方案。

（3）根据生产连续性和生产控制稳定性情况，尚可采用调整型抽样方案。

（4）对重要的检验项目当可采用简易快速的检验方法时，可选用全数检验方案。

（5）经实践检验有效的抽样方案。

任务 2　建筑工程施工质量验收标准

一、建筑工程施工质量验收规范

建筑工程施工质量验收主要依据以下标准与规范：

（1）《建筑工程施工质量验收统一标准》GB 50300—2013

（2）《建筑地基基础工程施工质量验收标准》GB 50202—2018

（3）《砌体工程施工质量验收规范》GB 50203—2011

（4）《混凝土结构工程施工质量验收规范》GB 50204—2015

（5）《钢结构工程施工质量验收规范》GB 50205—2001

（6）《木结构工程施工质量验收规范》GB 50206—2012

(7)《屋面工程施工质量验收规范》GB 50207—2012

(8)《地下防水工程质量验收规范》GB 50208—2011

(9)《建筑地面工程施工质量验收规范》GB 50209—2010

(10)《建筑装饰装修工程质量验收标准》GB 50210—2018

(11)《建筑给水排水及采暖工程施工质量验收规范》GB 50242—2002

(12)《通风与空调工程施工质量验收规范》GB 50243—2016

(13)《建筑电气工程施工质量验收规范》GB 50303—2015

(14)《电梯工程施工质量验收规范》GB 50310—2002

(15)《智能建筑工程质量验收规范》GB 50339—2013

(16)《建筑节能工程施工质量验收规范》GB 50411—2007

二、建筑工程施工质量验收规范的实施

(1)统一标准与专业规范配套使用。

统一标准是规定各专业规范质量指标设置、质量验收程序及组织的规定、单位工程的验收划分、程序和标准。

各专业相应规范是各检验批工程、分项工程质量验收指标的具体内容（验收到分部）。因此，应与统一标准配合使用。

(2)质量验收规范与国家有关工程质量的法律、法规、管理标准和有关技术标准相配套。

(3)贯彻落实系列规范要有完善的技术支持体系。

质量验收规范必须由企业标准作为施工操作、上岗培训、质量控制、质量验收的基础，从而保证质量验收规范的落实。要做到有效控制和科学管理，使质量验收的指标数据化，必须有完善的检测试验手段、试验方法和规定的检测设备，既有可比性，又有规范性。

三、建筑工程质量验收的划分

(一)检验批的划分原则

划分以便于质量控制和验收为原则，具体如下：

(1)原材料、构配件、设备按批量划分。

(2)施工工序按各工种、专业、楼层、施工段和变形缝划分。

(3)同一层按变形缝、区段和施工班组综合考虑划分。

(4)小型工程一般按该层划分、

(5)安装工程按系统、组别划分。

(6)特种管道安装工程按不同压力段划分。

(二)分项工程划分原则

分项工程应按主要工种、材料、施工工艺、设备类别等进行划分，具体如下：

(1)按主要工程划分，如砌体、钢筋、模板、混凝土等。

(2)按施工程序划分，如管道安装、管道防腐、管道绝热等。

(3)按材料的不同划分，如木门、防盗门、玻璃门等。

(三)分部工程划分原则

(1)按专业性质、建筑部位划分。

（2）当分部工程较大或较复杂，可按材料种类、施工特点、施工程序、专业系统划分为若干子分部工程。

（3）按材料种类、施工特点、施工程序、专业系统划分子分部。

建筑工程的分部（子分部）、分项工程可参考表6-1。

（四）单位工程划分原则

具备独立施工条件并能形成独立使用功能的建筑物及构筑物为一个单位工程。

建筑工程分部工程、分项工程划分 表 6-1

序号	分部工程	子分部工程	分项工程
1	地基与基础	无支护土方	土方开挖、土方回填
		有支护土方	排桩、降水、排水、地下连续墙、锚杆、土钉墙、水泥土桩、沉井与沉箱、钢及混凝土支撑
		地基及基础处理	灰土地基、砂和砂石地基、碎砖三合土地基、土工合成材料地基、粉煤灰地基、重锤夯实地基、强夯地基、振冲地基、砂桩地基、预压地基、高压喷射注浆地基、土和灰土挤密桩地基、注浆地基、水泥粉煤灰碎石桩地基、夯实水泥土桩地基
		桩基	锚杆静压桩及静力压桩、预应力离心管桩、钢筋混凝土预制桩、钢桩、混凝土灌注桩（成孔、钢筋笼、清孔、水下混凝土灌注）
		地下防水	防水混凝土，水泥砂浆防水层，卷材防水层，涂料防水层，金属板防水层，塑料板防水层，细部构造，喷锚支护，复合式之衬砌，地下连续墙，盾构法隧道；渗排水、盲沟排水，隧道、坑道排水；预注浆、后注浆，衬砌裂缝注浆
		混凝土基础	模板、钢筋、混凝土，后浇带混凝土，混凝土结构缝处理
		砌体基础	砖砌体，混凝土砌块砌体，配筋砌体，石砌体
		劲钢（管）混凝土	劲钢（管）焊接，劲钢（管）与钢筋的连接，混凝土
		钢结构	焊接钢结构、栓接钢结构、钢结构制作、钢结构安装、钢结构涂装
2	主体结构	混凝土结构	模板、钢筋、混凝土、预应力、现浇结构、装配式结构
		劲钢（管）混凝土结构	劲钢（管）焊接，螺栓连接，劲钢（管）与钢筋的连接，劲钢（管）制作、安装，混凝土
		砌体结构	砖砌体、混凝土小型空心砌块砌体、石砌体、填充墙砌体、配筋砖砌体
		钢结构	钢结构焊接，紧固件连接，钢零部件加工，单层钢结构安装，多层及高层钢结构安装，钢结构涂装，钢构件组装，钢构件预拼装，钢网架结构安装，压型金属板
		木结构	方木和原木结构，胶合木结构，轻型木结构，木构件
		网架和索膜结构	网架制作，网架安装，索膜安装，网架防火，防腐涂料
3	建筑装饰装修	地面	整体面层：基层，水泥混凝土面层，水泥砂浆面层，水磨石面层，防油渗面层，水泥钢（铁）屑面层，不发火（防爆的）面层；板块面层：基层，砖面层（陶瓷锦砖、缸砖、陶瓷地砖和水泥花砖面层）大理石面层和花岗石面层，预制板块面层（预制水泥混凝土、水磨石板块面层），地毯面层；木竹面层：基层，实木地板面层（条材、块材面层），实木复合地板面层（条材、块材面层），中密度（强化）复合地板面层（条材面层），竹地板面层
		抹灰	一般抹灰，装饰抹灰，清水砌体勾缝
		门窗	木门窗制作与安装，金属门窗安装，塑料门窗安装，特种安装，门窗玻璃安装
		吊顶	暗龙骨吊顶，明龙骨吊顶

序号	分部工程	子分部工程	分项工程
3	建筑装饰装修	轻质隔墙	板材隔墙，骨架隔墙，活动隔墙，玻璃隔墙
		饰面板（砖）	饰面板安装，饰面砖安装
		幕墙	玻璃幕墙，金属幕墙，石材幕墙
		涂饰	水性涂料涂饰，溶剂型涂料涂饰，美术涂饰
		裱糊与软包	裱糊，软包
		细部	橱柜制作与安装，窗帘盒、窗合板和暖气罩制作与安装，门窗套制作与安装，护栏和扶手制作与安装，花饰制作与安装
4	建筑屋面	卷材防水屋面	保温层，找平层，卷材防水层，细部构造
		涂膜防水屋面	保温层，找平层，涂膜防水层，细部构造
		刚性防水屋面	细石混凝土防水层，密封材料嵌缝，细部构造
		瓦屋面	平瓦屋面，油毡瓦屋面，金属板屋面，细部构造
		隔热屋面	架空屋面，蓄水屋面，种植屋面

（五）室外工程划分原则

室外工程可根据专业类别和工程规模划分单位（子单位）工程。室外单位（子单位）工程、分部工程可按表 6-2 采用。

室外工程划分　　　　　　　　　　　　　　　　　　表 6-2

单位工程	子单位工程	分部（子分部）工程
室外建筑环境	附属建筑	车棚、围墙、大门、挡土墙、垃圾收集站
	室外环境	建筑小品、道路、亭台、连廊、花坛、场坪绿化
室外安装	给排水与采暖	室外给水系统、室外排水系统、室外供热系统
	电气	室外供电系统、室外照明系统

四、建筑工程质量验收

（一）检验批验收

检验批是分项工程、分部工程和单位工程施工质量验收的基础，是建筑工程施工质量验收的最小单位。检验批验收应符合以下规定：

（1）主控项目和一般项目的质量经抽样检验合格。

（2）具有完整的施工操作依据、质量检验记录。

（二）分项工程验收

分项工程验收的合格标准是：

（1）分项工程所含的检验批均应符合合格质量的规定；

（2）分项工程所含的检验批的质量验收记录应完整。

（三）分部（子分部）工程验收

分部（子分部）工程质量验收的合格标准是：

（1）分部（子分部）工程所含分项工程的质量均应验收合格。

（2）质量控制资料收集应完整。

（3）地基与基础、主体结构和设备安装等分部工程有关安全及功能的检验和抽样结果应符合有关规定。

(4) 观感质量验收应符合要求。

(四) 单位 (子单位) 工程质量验收

单位 (子单位) 工程质量验收合格的标准是:

(1) 单位 (子单位) 工程所含分部 (子分部) 工程的质量均应验收合格。

(2) 质量控制资料应完整。

(3) 单位 (子单位) 工程所含分部工程有关安全和功能的检测资料应完整。

(4) 主要功能项目的抽查结果应符合相关专业质量验收规范的规定。

(5) 观感质量验收应符合要求。

(五) 建筑工程不合要求的处理

当建筑工程质量不符合要求时, 通常会在检验批验收时及时发现和处理, 其处理办法如下:

(1) 经返工重做或更换器具、设备的检验批, 应重新进行验收。

(2) 经有资质的检测单位检测鉴定能够达到设计要求的检验批, 应予以验收。

(3) 经有资质的检测单位检测鉴定达不到设计要求, 但经原设计单位核算认可能够满足结构安全和使用功能检验批, 可予以验收。

(4) 经返修或加固处理的分项、分部工程, 虽然改变外形尺寸, 但仍能满足安全使用要求, 可按技术处理方案和协商文件进行二次验收。

(5) 通过返修和加固处理仍不能满足安全使用要求的分部工程、单位 (子单位) 工程, 严禁验收。

任务 3　建筑工程质量验收程序及组织

建筑工程的施工质量验收是按施工顺序进行的, 先验收检验批的质量, 然后验收分项工程的质量, 再验收分部工程的质量, 最后验收单位工程的质量。

实行委托监理的工程, 检验批、分项工程、分部 (子分部) 工程验收由监理单位组织, 单位工程的竣工验收由建设单位组织。未实行监理的工程, 检验批、分项工程、分部 (子分部) 工程、单位工程验收均为建设单位组织。

一、建筑工程质量验收的程序

(一) 检验批的验收程序

检验批施工完成后由施工单位的项目专业质量检查员和项目专业技术负责人组织对检验批的施工质量进行自检, 在其符合设计要求和验收规范的合格标准后, 填写检查记录提交监理工程师或建设单位项目技术负责人进行验收。监理工程师或技术单位项目技术负责人应在 24 小时内对检验批验收。

(二) 分项工程的验收程序

分项工程施工完成后, 由施工单位的项目专业质量检查员、项目专业技术负责人组织对构成分项工程的各检验批的验收资料文件进行自检, 上述验收文件完整, 并且均已验收合格后，填写检查记录提交监理工程师或建设单位项目技术负责人进行分项工程验收。

（三）分部工程的验收程序

施工单位完成分部施工项目后，施工单位项目负责人应组织自检评定合格，向监理单位或建设单位提出分部工程验收报告，总监理工程师或建设单位项目负责人应及时组织有关人员对分部工程进行验收。

（四）单位工程的验收程序

单位工程完成后，施工单位应首先进行预验收，并对检查结果进行评定，在其符合要求后，向监理单位提交工程竣工验收报告和完整的质量资料，由总监组织相关单位对工程进行初验，在施工单位根据相关单位意见完成对工程质量的整改后，由建设单位组织进行工程的竣工验收。

二、建筑工程质量验收的组织

（一）检验批的验收组织

检验批均应由监理工程师或建设单位项目技术负责人组织验收。

施工单位在验收前先填好"检验批质量验收记录"，并由项目专业质量检验员和项目专业技术负责人分别在检验批检验记录中相关栏目签字，然后由监理工程师组织，按规定程序进行验收并签字。

（二）分项工程的验收组织

分项工程均应由监理工程师或建设单位项目技术负责人组织验收。

施工单位在验收前应填好"分项工程的质量验收记录"，并由项目专业质量检验员和项目专业技术负责人分别在分项工程检验记录中签字，然后由监理工程师组织，按规定程序进行验收并签字。

（三）分部工程的验收组织

对于实行监理的工程，分部（子分部）工程验收应由总监理工程师组织；工程未实行监理的分部工程验收由建设单位项目技术负责人组织验收。参加验收的单位和人员包括施工单位的项目负责人和项目技术、质量负责人，分包单位的负责人，分包技术负责人，建设单位项目及技术负责人等。

（四）单位工程的验收组织

建设单位收到工程竣工报告后，应和监理单位一起组织地勘、设计、施工等单位和其他相关方面的专家组成验收组，并通知工程质量监督机构参加，共同对工程竣工条件进行检查；建设单位、施工单位将审查合格的工程竣工技术资料呈送城建档案馆归档；建设单位或施工单位应申请消防、规划、环境保护和人民防空专项验收。

单位工程有分包单位施工时，分包单位对所承包的工程项目应按该标准规定的程序检查评定，总包单位应派人员参加。分包工程完成后，应将工程有关资料交总包单位。

思考与练习：

1. 什么是进场验收？

2. 什么是检验批？

3. 什么是见证取样检验？

4. 什么是主控项目，什么是一般项目？

5. 分项工程的划分原则有哪些?

6. 什么是检验批验收,其需要符合哪些规定?

7. 分部(子分部)工程验收的合格标准是什么?

8. 分项工程的验收程序是什么?

9. 单位工程的验收程序是什么?

10. 单位工程的验收如何组织?

单元 7　框剪结构建筑工程资料归档整理

【知识目标】　熟悉各单位在建筑工程资料归档管理中的职责；掌握建筑工程资料归档的范围和各项要求；掌握建筑工程资料立卷的原则和方法；掌握建筑工程资料案卷的排列、编目、装订与装具；掌握建筑工程资料的验收与移交方法。

【能力目标】　能够掌握框剪结构建筑工程资料归档整理。

【素质目标】　增强学生的记忆理解能力。

任务 1　概　　述

一、建筑工程资料归档的含义

建筑工程技术资料的归档是指工程技术资料的形成单位在完成工作任务后，将形成的资料整理、立卷，按规定移交档案管理机构的整个过程。

归档具有以下两个方面的含义：

（1）建设、勘察、设计、施工及监理单位将本单位在工程建设过程中形成的文件向本单位档案管理机构移交。

（2）勘察、设计、施工、监理等单位将本单位在工程建设过程中形成的文件向建设单位档案管理机构移交。

建设单位按照现行的《建设工程文件归档整理规范》GB/T 50328—2014 的要求，将汇总的该建设工程文件档案向地方城建档案管理部门移交。

二、建筑工程资料归档管理职责

建筑工程资料管理职责包括建设单位、监理单位、施工单位及城建档案馆在内的全部工程资料的编制和管理单位。

（一）通用职责

（1）工程各参建单位填写的建设工程档案应以施工及验收规范、工程合同、设计文件、工程施工质量验收统一标准等为依据。

（2）工程档案资料应随工程进度及时收集、整理，并应按专业分类，认真书写，字迹清楚，项目齐全、准确、真实，无未了事项，表格应采用统一表格，特殊要求需增加的表格应统一归类。

（3）工程档案进行分级管理，建设工程项目各单位技术负责人负责本单位工程档案资料的全过程组织工作并负责审核，各相关单位档案管理员负责工程档案资料的收集、整理工作。

（4）对工程档案进行涂改、伪造、随意抽撤或损毁、丢失等，应按有关规定予以处罚，情节严重的，应依法追究法律责任。

（二）建设单位职责

（1）在工程招标及与勘察、设计、施工、监理等单位签订协议、合同时，应对工程文件的套数、费用、质量、移交时间等提出明确要求。

（2）收集和整理工程准备阶段、竣工验收阶段形成的文件，并应进行立卷归档。

（3）负责组织、监督和检查勘察、设计、施工、监理等单位的工程文件的形成、积累和立卷归档工作，也可委托监理单位监督、检查工程文件的形成、积累和立卷归档工作。

（4）收集和汇总勘察、设计、施工、监理等单位立卷归档的工程档案。

（5）在组织工程竣工验收前，应提请当地的城建档案管理机构对工程档案进行预验收；未取得工程档案验收认可文件，不得组织工程竣工验收。

（6）对列入城建档案管理部门接收范围的工程，工程竣工验收后 3 个月内，向当地城建档案管理部门移交一套符合规定的工程资料。

（7）必须和参与工程建设的勘察、设计、施工、监理等单位提供与建设工程有关的原始资料，原始资料必须真实、准确、齐全。

（8）可委托承包单位、监理单位组织工程档案的编制工作，负责组织竣工图的绘制工作，也可委托承包单位、监理单位或设计单位完成，收费标准按照所在地区相关文件执行。

（三）监理单位职责

（1）应设专人负责监理资料的收集、整理和归档工作，在项目监理部，监理资料的管理应由总监理工程师负责，并指定专人具体实施，监理资料应在各阶段监理工作结束后及时整理归档。

（2）监理资料必须及时整理、真实完整、分类有序。在设计阶段，对勘察、测绘、设计单位的工程文件的形成、积累和立卷归档进行监督、检查；在施工阶段，对施工单位的工程文件的形成、积累、立卷归档进行监督、检查。

（3）可以按照委托监理合同的约定，接受建设单位的委托，监督、检查工程文件的形成积累和立卷归档工作。

（4）编制的监理文件的套数、提交内容、提交时间，应按照现行的《建设工程文件归档整理规范》GB/T 50328—2014 和各地城建档案管理部门的要求，编制移交清单，双方签字、盖章后，及时移交建设单位，由建设单位收集和汇总。监理公司档案部门需要的监理档案，按照《建设工程监理规范》GB 50319—2013 的要求，及时由项目监理部提供。

（四）施工单位职责

（1）实行技术负责人负责制，逐级建立、健全施工文件管理岗位责任制，配备专职档案管理员，负责施工资料的管理工作。工程项目的施工文件应设专门的部门（专人）负责收集和整理。

（2）建设工程实行总承包的，总承包单位负责收集、汇总各分包单位形成的工程档案，各分包单位应将本单位形成的工程文件整理、立卷后及时移交总承包单位。建设工程项目由几个单位承包的，各承包单位负责收集、整理、立卷其承包项目的工程文件，并应及时向建设单位移交，各承包单位应保证归档文件的完整、准确、系统，能够全面反映工程建设活动的全过程。

(3) 可以按照施工合同的约定，接受建设单位的委托进行工程档案的组织、编制工作。

(4) 按要求在竣工前将施工文件整理汇总完毕，再移交建设单位进行工程竣工验收。

(5) 负责编制的施工文件的套数不得少于地方城建档案管理部门要求，但应有完整施工文件移交建设单位及自行保存，保存期可根据工程性质以及地方城建档案管理部门有关要求确定。如建设单位对施工文件的编制套数有特殊要求的，可另行约定。

（五）城建档案管理部门职责

(1) 负责接收和保管所辖范围应当永久和长期保存的工程档案和有关资料。

(2) 负责对城建档案工作进行业务指导，监督和检查有关城建档案法规的实施。

(3) 列入向本部门报送工程档案范围的工程项目，其竣工验收应有本部门参加并负责对移交的工程档案进行验收。

任务 2　建筑工程资料的归档

一、归档的范围

对与工程建设有关的重要活动、记载工程建设主要过程和现状、具有保存价值的各种载体的文件，均应收集齐全，整理立卷后归档。

工程文件的具体归档范围详见前述各章中有关工程文件来源及保存的相关表述。

二、归档的质量要求

归档文件应符合以下质量要求：

(1) 归档的工程文件一般应为原件。

(2) 工程文件的内容及其深度必须符合国家有关工程勘察、设计、施工、监理等方面的技术规范、标准和规程。

(3) 工程文件的内容必须真实、准确，与工程实际相符合。

(4) 工程文件应采用耐久性强的书写材料，如碳素墨水、蓝黑墨水，不得使用易褪色的书写材料，如红色墨水、纯蓝墨水、圆珠笔、复写纸、铅笔等。

(5) 工程文件应字迹清楚，图样清晰，图表整洁，签字盖章手续完备。

(6) 工程文件中文字材料幅面尺寸规格宜为 A4 幅面（210mm×297mm）。图纸宜采用国家标准图幅。

(7) 工程文件的纸张应采用能够长期保存的韧力大、耐久性强的纸张。图纸一般采用蓝晒图，竣工图应是新蓝图。计算机出图必须清晰，不得使用计算机所出图纸的复印件。

(8) 所有竣工图均应加盖竣工图章。

(9) 利用施工图改绘竣工图，必须标明变更修改依据；凡施工图结构、工艺、平面布置等有重大改变，或变更部分超过图面三分之一的，应当重新绘制竣工图。

(10) 不同幅面的工程图纸应按《技术制图复制图的折叠方法》GB/T 10609.3—2009统一折叠成 A4 幅面，图标栏露在外面。

(11) 工程档案资料的缩微制品，必须按国家缩微标准进行制作，主要技术指标（解像力、密度、海波残留量等）要符合国家标准，保证质量，以适应长期安全保管。

（12）工程档案资料的照片（含底片）及声像档案，要求图像清晰，声音清楚，文字说明或内容准确。

（13）工程文件应采用打印的形式并使用档案规定用笔，手工签字，在不能够使用原件时，应在复印件或抄件上加盖公章并注明原件保存处。

三、归档的时间

归档时间应符合下列规定：

（1）根据建设程序和工程特点，归档可以分阶段分期进行，也可以在单位或分部工程通过竣工验收后进行。

（2）勘察、设计单位应当在任务完成时，施工、监理单位应当在工程竣工验收前，将各自形成的有关工程档案向建设单位归档。

四、归档的数量要求

工程档案一般不少于两套，一套由建设单位保管，一套（原件）移交当地城建档案馆（室）。

五、归档程序的要求

勘察、设计、施工单位在收齐工程文件并整理立卷后，建设单位、监理单位应根据城建档案管理机构的要求对档案文件完整、准确、系统情况和案卷质量进行审查。审查合格后向建设单位移交。

勘察、设计、施工、监理等单位向建设单位移交档案时，应编制移交清单，双方签字、盖章后方可交接。

任务 3　建筑工程资料的立卷

一、立卷的原则与方法

立卷应遵循工程文件的自然形成规律，保持卷内文件的有机联系，便于档案的保管和利用。一个建设工程由多个单位工程组成时，工程文件应按单位工程组卷。

立卷可采用如下方法：

（1）工程文件可按建设程序划分为工程准备阶段的文件、监理文件、施工文件、竣工图、竣工验收文件 5 部分。

（2）工程准备阶段文件可按建设程序、专业、形成单位等组卷。

（3）监理文件可按单位工程、分部工程、专业、阶段等组卷。

（4）施工文件可按单位工程、分部工程、专业、阶段等组卷。

（5）竣工图可按单位工程、专业等组卷。

（6）竣工验收文件按单位工程、专业等组卷。

立卷过程中宜遵循下列要求：

(1) 案卷不宜过厚，一般不超过 40mm。

(2) 案卷内不应有重份文件。

(3) 不同载体的文件一般应分别组卷。

二、卷内文件的排列

文字材料按事项、专业顺序排列。同一事项的请示与批复、同一文件的印本与定稿、主件与附件不能分开，并按批复在前、请示在后，印本在前、定稿在后，主件在前、附件在后的顺序排列。

图纸按专业排列，同专业图纸按图号顺序排列。既有文字材料又有图纸的案卷，文字材料排前，图纸排后。

三、案卷的编目

（一）卷内文件页号的编制

编制卷内文件页号应符合下列规定：

(1) 卷内文件均按有书写内容的页面编号。每卷单独编号，页号从"1"开始。

(2) 页号编写位置：单面书写的文件在右下角；双面书写的文件，正面在右下角，背面在左下角。折叠后的图纸一律在右下角。

(3) 成套图纸或印刷成册的科技文件材料，自成一卷的，原目录可代替卷内目录，不必重新编写页码。

(4) 案卷封面、卷内目录、卷内备考表不编写页号。

（二）目录的编制

卷内目录的编制应符合下列规定：

(1) 卷内目录式样宜符合规范的要求。

(2) 序号：以一份文件为单位，用阿拉伯数字从 1 依次标注。

(3) 责任者：填写文件的直接形成单位和个人。有多个责任者时，选择两个主要责任者，其余用"等"代替。

(4) 文件编号：填写工程文件原有的文号或图号。

(5) 文件题名：填写文件标题的全称。

(6) 日期：填写文件形成的日期。

(7) 页次：填写文件在卷内所排的起始页号。最后一份文件填写起止页号。

(8) 卷内目录排列在卷内文件首页之前。

（三）编制卷内备考表

卷内备考表的编制应符合下列规定：

(1) 卷内备考表的式样宜符合规范的要求。

(2) 卷内备考表主要标明卷内文件的总页数、各类文件页数（照片张数），以及立卷单位对案卷情况的说明。

(3) 卷内备考表排列在卷内文件的尾页之后。

（四）案卷封面的编制

案卷封面的编制应符合下列规定：

（1）案卷封面印刷在卷盒、卷夹的正表面，也可采用内封面形式。案卷封面的式样宜符合规范的要求。

（2）案卷封面的内容应包括：档号、档案馆代号、案卷题名、编制单位、起止日期、密级、保管期限、共几卷、第几卷。

（3）档号应由分类号、项目号和案卷号组成。档号由档案保管单位填写。

（4）档案馆代号应填写国家给定的本档案馆的编号。档案馆代号由档案馆填写。

（5）案卷题名应简明、准确地揭示卷内文件的内容。案卷题名应包括工程名称、专业名称、卷内文件的内容。

（6）编制单位应填写案卷内文件的形成单位或主要责任者。

（7）起止日期应填写案卷内全部文件形成的起止日期。

（8）保管期限分为永久、长期、短期 3 种期限。其中，永久是指工程档案需永久保存；长期是指工程档案的保存期限等于该工程的使用寿命；短期是指工程档案保存 20 年以下。同一案卷内有不同保管期限的文件，该案卷保管期限应从长。

（9）密级分为绝密、机密、秘密 3 种。同一案卷内有不同密级的文件，应以高密级为本卷密级。

（五）其他

卷内目录、卷内备考表、案卷内封面应采用 70g 以上白色书写纸制作，幅面统一采用 A4 幅面。

四、案卷的装订

案卷可采用装订与不装订两种形式。文字材料必须装订。既有文字材料，又有图纸的案卷应装订。装订应采用线绳三孔左侧装订法，要整齐、牢固，便于保管和利用。装订时必须剔除金属物。

五、案卷的装具

案卷装具一般采用卷盒、卷夹两种形式。

（1）卷盒的外表尺寸为 310mm×220mm，厚度分别为 20、30、40、50mm。

（2）卷夹的外表尺寸为 310mm×220mm，厚度一般为 20～30mm。

（3）卷盒、卷夹应采用无酸纸制作。

案卷脊背的内容包括档号、案卷题名，式样宜符合规范的要求。

任务 4　建筑工程档案的验收与移交

一、建筑工程档案验收的内容

列入城建档案管理部门档案接收范围的工程，建设单位在组织工程竣工验收前，应提请城建档案管理部门对工程档案进行预验收。建设单位未取得城建档案管理部门出具的认可文件，不得组织工程竣工验收。

城建档案管理部门在进行工程档案预验收时，应重点验收以下内容：

（1）工程档案分类齐全、系统完整。

（2）工程档案的内容真实、准确地反映工程建设活动和工程实际状况。

（3）工程档案已整理立卷，立卷符合现行《建设工程文件归档规范》GB/T 50328—2014 的规定。

（4）竣工图绘制方法、图式及规格等符合专业技术要求，图面整洁，盖有竣工图章。

（5）文件的形成、来源符合实际，要求单位或个人签章的文件，其签章手续完备。

（6）文件材质、幅面、书写、绘图、用墨、托裱等符合要求。

国家、省市重点工程项目或一些特大型、大型的工程项目的预验收和验收，必须有地方城建档案管理部门参加。

为确保工程档案的质量，各编制单位、地方城建档案管理部门、建设行政管理部门等要对工程档案进行严格检查、验收。编制单位、制图人、审核人、技术负责人必须进行签字或盖章。对不符合技术要求的，一律退回编制单位进行改正、补齐，问题严重者可令其重做。不符合要求者，不能交工验收。

凡报送的工程档案，如验收不合格将其退回建设单位，由建设单位责成责任者重新进行编制，待达到要求后重新报送。检查验收人员应对接收的档案负责。

地方城建档案管理部门负责工程档案的最后验收，并对编制报送工程档案进行业务指导、督促和检查。

二、建筑工程档案的移交

列入城建档案管理部门接收范围的工程，建设单位在工程竣工验收后 3 个月内向城建档案管理部门移交一套符合规定的工程档案。

停建、缓建工程的工程档案，暂由建设单位保管。

对改建、扩建和维修工程，建设单位应当组织设计单位、监理单位、施工单位据实修改、补充和完善工程档案。对改变的部位，应当重新编写工程档案，并在工程竣工验收后 3 个月内向城建档案管理部门移交。

建设单位向城建档案管理部门移交工程档案时，应办理移交手续，填写移交目录，双方签字、盖章后交接。

施工单位、监理单位等有关单位应在工程竣工验收前将工程档案按合同或协议规定的时间、套数移交给建设单位，办理移交手续。

思考与练习：

1. 简述各单位在建筑工程资料归档管理中的通用职责。

2. 简述建筑工程资料归档的质量要求。

3. 建筑工程资料归档的时间、数量和程序要求分别是什么？

4. 简述立卷的方法。

5. 卷内文件应如何排列？

6. 卷内文件页号的编制应符合哪些要求？

7. 卷内目录的编制应符合哪些要求？

8. 建筑工程档案预验收的内容有哪些？

单元 8　框剪结构建筑工程竣工验收备案

【知识目标】　熟悉工程竣工验收备案应提交的文件；掌握工程竣工验收备案的程序；了解施工准备阶段施工单位的备案基础工作；熟悉施工单位项目开工的质量控制要点；掌握施工过程中施工单位的备案实施要点；掌握验收阶段施工单位备案实施要点。

【能力目标】　能够掌握框剪结构建筑工程竣工验收备案。

【素质目标】　增强学生的记忆理解能力。

任务 1　工程竣工验收备案管理

工程竣工验收备案是指建设单位应当自工程竣工验收合格之日起 15 日内，向工程所在地的县级以上地方人民政府建设行政主管部门备案，即将工程的相关行政审批文件、质量验收文件、工程质量保修文件等送主管部门审查存档。

一、工程竣工验收备案的范围

凡在中华人民共和国境内从事建设工程的新建、改建、扩建等有关活动及实施对建设工程质量监督管理的竣工工程，都需要进行竣工验收备案。

二、竣工验收备案文件

建设单位办理工程竣工验收备案应当提交以下文件：

（1）工程竣工验收备案表。

（2）工程竣工验收报告，其内容包括工程报建日期，施工许可证号，施工图设计文件审查意见，勘察、设计、施工、工程监理等单位分别签署的质量合格文件及验收人员签署的竣工验收原始文件，市政基础设施的有关质量检测和功能性试验资料以及建设行政主管部门认为需要提供的相关资料。

（3）法律、法规规定的应当由规划、消防、环保等部门出具的认可文件或者准许使用文件。

（4）房屋建筑工程质量保修书，商品住宅工程还应同时提供该房地产开发企业签署的住宅质量保证书和住宅使用说明书。

（5）有关法规、规章规定必须提供的其他文件。

三、竣工验收备案的程序

（1）建设单位到竣工验收备案管理部门领取建设工程竣工验收备案表。与此同时，建设单位将竣工验收的时间、地点、验收组名单及各项验收报告报送负责监理该项工程的质量监督部门，准备对该工程竣工验收进行监督。

（2）自工程竣工验收合格之日起 15 个工作日内，建设单位将建设工程竣工验收备案表一式两份和竣工验收备案文件报送工程竣工验收备案管理部门。

（3）工程质量监理部门在工程竣工验收合格后 5 个工作日内，向工程竣工验收备案管理部门报送工程质量监督报告。

（4）备案管理机构负责人审阅建设工程竣工验收备案表和备案文件，审查符合要求后，在表中备案管理部门处理意见栏填写"准予该工程竣工验收备案"意见，加盖"工程竣工验收备案"专用章。

工程竣工验收备案表一式两份，备案管理部门将其中一份备案表发给建设单位，另一份备案表及全部备案资料和工程质量监督报告留存档案。

（5）建设单位报送的建设工程竣工验收备案表和竣工验收备案文件如不符合要求，备案工作人员应填写备案审查记录表，提出备案资料存在的问题，双方签字后交建设单位修改。

（6）建设单位根据规定对存在的问题进行整改和完善，符合要求后重新报送备案管理部门备案。

（7）备案管理部门依据工作质量监督报告或其他方式，发现在工程竣工过程中存在违反国家建设工程质量管理规定行为的，应当在收讫工程竣工验收文件 15 个工作日内，责令建设单位停止使用，并重新组织竣工验收。建设单位在重新组织竣工验收前，工程不得自行投入使用，违者按相关规定处理。

（8）建设单位采用虚假证明文件办理竣工验收备案，工程竣工验收无效，责令停止使用，重新组织竣工验收，并按有关规定进行处理。

（9）建设单位在工程竣工验收合格后 15 日内未办理工程竣工验收备案，责令其限期改正，并按有关规定处理。

任务 2 工程竣工验收备案的实施

伴随着备案工作的实施，政府建设工程质量监理管理模式已有大的调整，政府及其委托的监督机构抽查内容将从单一的实物质量扩大到施工现场质量保证体系质量责任制。因此，施工单位应从多方面做好备案基础工作。

一、施工准备阶段施工单位的备案基础工作

施工单位应积累建设项目的基本文件依据，所谓文件依据，主要是指那些适用于工程项目通用的、具有普遍指导意义和必须遵守的基本文件。包括：

（1）工程承包合同文件。

（2）设计施工图文件。

（3）国家及政府部门颁布的有关质量管理方面的法律、法规和规章。

（4）有关质量检验、质量控制的技术与技术管理规定、标准和规范。

上述 4 类文件，施工现场项目部都必须在开工阶段及时收集、分类、编号，这是做好备案工作必需的准备工作。

二、施工单位项目开工前的质量控制

（一）施工准备阶段的质量控制要点

（1）掌握工程的特点和关键部位的特点。

（2）调查并创造有利施工的条件。

（3）合理部署和选择施工队伍。

（4）预测施工风险和做好应变准备。

（二）做好项目开工前的准备工作

（1）施工组织准备。

（2）施工技术准备。

（3）施工物资准备。

（4）施工现场准备。

（5）施工队伍准备。

（三）施工单位项目开工前的备案配合工作

（1）配合建设单位办理建设工程质量监督申报手续。

（2）配合建设单位填写建设工程从业人员资格审查表。

（3）施工单位参与首次监督工作会议。

（4）施工单位接受首次监督检查。

（5）理解和执行建设工程质量监督方法。

三、施工过程中施工单位的备案实施要点

施工过程中，施工单位对各项影响施工质量的因素应实施有效的管理和控制，这一过程是确保施工生产符合设计意图及国家标准要求的重要环节。同样，随着政府建设工程质量管理模式的改革和备案制度的实施，施工单位强化施工过程的质量管理控制，既能确保施工生产实现设计意图，达到国家质量标准要求，也是适应政府强化监督实施备案要求所必需的基础工作。

（一）施工单位必须加强施工过程中的质量管理与控制

（1）明确质量控制关键环节。

（2）确立工序质量控制点。

（3）严格隐蔽工程验收程序。

（4）建立缺陷纠正程序。

（5）建立半成品与成品保护措施。

（6）抓好技术复核工作。

（7）严格质量试验与检测手段。

（8）加强对分包单位的管理。

（二）施工过程中施工单位的质量评定

在施工过程中，施工单位应及时按照《建筑工程施工质量验收统一标准》GB 50300—2013 的要求，组织相关人员对检验批、分项工程、分部工程质量进行验收评定；单位工程完工后，施工单位应自行组织有关人员进行检查评定；合格后，及时向监理单位提交竣

工验收报告。

（三）施工单位对工程质量问题的处理

质量事故处理的目的是为了消除质量缺陷，达到建筑统物安全可靠和正常使用的各项功能要求，并保证施工的正常进行。

因此，当施工过程中出现质量问题时，应及时按照《建筑工程施工质量验收统一标准》GB 50300—2013 和相关规定的要求进行处理。

（四）施工过程中施工单位的备案参与工作

（1）接受质量监督机构的工程质量抽查。

（2）接受监理单位、建设单位的日常质量监督检查。

（3）参与工程质量验收。

（4）对工程质量达不到合格标准的，认真进行质量整改。

四、竣工验收阶段施工单位备案实施要点

（1）施工单位必须保证单位工程达到竣工验收标准。

① 对单位工程施工质量文件进行检查确认；

② 对工程项目质量的自评验收；

③ 填写施工单位工程质量验收记录；

④ 要求整改的问题已整改完毕，并报监理单位验收合格；

⑤ 按合同约定承担工程质量保修期的责任。

（2）协助建设单位、监理单位查阅并帮助整理工程项目全过程竣工档案材料。

（3）积极配合建设单位做好单位工程竣工验收。

（4）如实填写"工程款支付证明"文件。

（5）积极配合建设单位填写建设工程竣工验收备案表。

（6）服从主管部门备案结论，妥善保存有关备案资料。

思考与练习：

1. 工程竣工验收备案应提交的文件有哪些？

2. 简述工程竣工验收备案的程序。

3. 简述施工单位项目开工前的质量控制要点。

4. 简述施工过程中施工单位的备案实施要点。

5. 简述验收阶段施工单位备案实施要点。

单元 9　框剪结构建筑计算机辅助资料管理

【知识目标】 了解计算机在资料管理中的应用；掌握计算机资料管理软件的应用。
【能力目标】 能够掌握框剪结构建筑工程竣工验收备案。
【素质目标】 增强学生的记忆理解能力。

任务 1　计算机在资料管理中的应用

若要对建筑工程项目实施全面规划和动态控制，就需要处理大量的信息、整理大量的资料，其处理过程要求及时、准确和全面，以此才能提高项目决策的效率，发挥信息的最大价值。随着工程项目的日渐复杂和计算机技术的日新月异，计算机在工程项目资料管理中发挥着越来越重要的作用。

计算机辅助资料管理可以极大地提高资料管理的工作效率，大大提高工程资料管理的水平。具体来说，计算机辅助资料管理具有以下一些优点：

（1）计算机能够存储大量的数据和信息，为此可以方便存取与项目有关的各种信息，使信息共享，为项目管理提供有效使用服务。

（2）计算机能够快速处理大量的数据，提高了信息处理的速度，从而能够有效地辅助工程项目管理人员及时、正确地做出决定。

（3）利用计算机，可以将文件资料快速转换为各种形式，以便于服务不同需要的工程项目，提供不同等级的管理信息。

（4）利用计算机网络，可以提高数据传递的速度和效率，充分利用信息资源。

任务 2　计算机资料管理软件应用

资料管理系统是管理信息系统的基础，是管理信息系统有效运行的前提条件。我们目前已开发出多种资料管理系统软件，这些软件虽有一些地域差别，但其仅仅表现在一些细节上。下面我们以"建龙软件之建筑工程质量验收资料管理"系统软件为例，简要介绍计算机资料管理软件。

建筑工程质量验收资料管理系统主要包括工程项目从报建开始施工检验批数字化表格填写、分项分部单位工程的自动生成、监理（建设）单位签字审核、项目监督备案管理、项目建设（监理）资料管理、检测报表、强制性条文检查、安全生产保证体系、施工技术交底、工程资料组卷等内容。软件除可以替代传统手工填写报表功能外，还具有手工填表无法实现的功能：

（1）可自动统计允许偏差抄测记录合格点率，并判断和提示超标测点。

（2）可自动汇总分部分项检验批的数量和验收部位，大大减轻了资料整理的工作量。

（3）可方便地扩充抄测点数量，将常规 10 个记录定义到 0～50 个，以满足工程实际需求。

（4）可及时方便地为用户提供填表指南和辅助填写参考，为企业提供了便捷的专家系统。

（5）可隐藏没有使用的记录栏目，减少了打印和纸张用量，可输出规范整洁的技术资料。

（6）能将 CAD 矢量图形或 Word 文档插入表格中。

（7）手工效果填表功能，可在印刷表格上以书写效果填写报表内容。

参 考 文 献

[1] 李辉. 建筑工程技术资料管理 [M]. 北京：中国建筑工业出版社，2011.

[2] 郑伟，许博. 建筑工程资料管理 [M]. 长沙：中南大学出版社，2013.

[3] 李媛. 建筑工程技术资料管理 [M]. 北京：人民交通出版社，2013.